Meiner Frau

Christoph-Maria Liegener

Esau und der Hass Gottes

Von der Bibel zum Esau-Effekt

© 2015 Christoph-Maria Liegener

Autor: Christoph-Maria Liegener

Verlag: tredition-Verlag Hamburg
Printed in Germany

ISBN:
978-3-7323-5824-3 (Paperback)
978-3-7323-5825-0 (Hardcover)
978-3-7323-5826-7 (e-Book)

Inhalt

Vorwort

Es begann mit einer Kommentierung von Zitaten aus der Bibel. Dann entwickelte sich daraus eine Diskussion der Problematik um Esau, die in unerwartete Dimensionen führte und in diesem Buch mündete.

Dazu gehörte auch ein scherzhafter Exkurs in die Politikgeschichte der Bundesrepublik Deutschland, betreffend die Rollen von SPD, CDU und CSU. Es gab sogar einen Esau-Effekt zu beobachten. Die Frage nach der Entstehung des Mythos um Esau wurde genauso untersucht wie die, warum Gott Esau gehasst haben soll. Im Wesentlichen ging es aber immer noch um die biblischen Gestalten, um die Interpretation ihrer Handlungen.

Nun haben sich schon die größten Geister der christlichen Theologie, Heilige und Kirchenlehrer von Paulus bis Augustinus, mit der Problematik der Esau-Episode beschäftigt. Ihre Gedanken führten jedoch zu weiteren Fragen, denen hier nachgegangen werden sollte.

Das Buch liegt jetzt vor. Die zitierten Bibelstellen sind mit wenigen Änderungen aus der Lutherbibel entnommen.

Viel Spaß beim Lesen!
Dr. Dr. Christoph-Maria Liegener

Vorgeschichte

Eigentlich beginnt die Vorgeschichte mit ihrem Endpunkt: der Geburt Jesu. Genau genommen geht es um Jesu Vorfahren und das, was ihnen prophezeit wurde. Die Linie Jesu führt rückwärts über David und Jesse zu Jakob, Isaak und Abraham. Matthäus 1, 1:

„Dies ist das Buch von der Geburt Jesu Christi, der da ist ein Sohn Davids, des Sohnes Abrahams. Abraham zeugte Isaak. Isaak zeugte Jakob. Jakob zeugte Juda und seine Brüder. Juda zeugte Perez und Serah von Thamar. Perez zeugte Hezron. Hezron zeugte Ram. Ram zeugte Amminadab. Amminadab zeugte Nahesson. Nahesson zeugte Salma. Salma zeugte Boas von der Rahab. Boas zeugte Obed von der Ruth. Obed zeugte Jesse. Jesse zeugte den König David. Der König David zeugte Salomo von dem Weib des Uria. Salomo zeugte Rehabeam. Rehabeam zeugte Abia. Abia zeugte Asa. Asa zeugte Josaphat. Josaphat zeugte Joram. Joram zeugte Usia. Usia zeugte Jotham. Jotham zeugte Ahas. Ahas zeugte Hiskia. Hiskia zeugte Manasse. Manasse zeugte Amon. Amon zeugte Josia. Josia zeugte Jechonja und seine Brüder um die Zeit der babylonischen Gefangenschaft.

Nach der babylonischen Gefangenschaft zeugte Jechonja Sealthiel. Sealthiel zeugte Serubabel. Serubabel zeugte Abiud. Abiud zeugte Eliakim. Eliakim zeugte Asor. Asor zeugte Zadok. Zadok zeugte Achim. Achim zeugte Eliud. Eliud zeugte Eleasar. Eleasar zeugte Matthan. Matthan zeugte Jakob. Jakob zeugte Joseph, den Mann Marias, von welcher ist geboren Jesus, der da heißt Christus. Alle Glieder von Abraham bis auf David sind vierzehn Glieder. Von David bis auf die Gefangenschaft sind vierzehn Glieder. Von der babylonischen Gefangenschaft bis auf Christus sind vierzehn Glieder."

In Lukas 3, 23-38 wird die Linie noch weiter zurückverfolgt bis zu Adam. Indes ist die Abstammung von Adam in diesem Kontext nicht besonders überraschend. Ferner gibt es Widersprüche zwischen den Listen, die aber für das, was hier gesagt werden soll, ohne Bedeutung sind. Auf jeden Fall taucht Abraham in den Listen auf, was wichtig ist; denn diesem war prophezeit worden, dass der Messias aus seiner Nachkommenschaft hervorgehen würde (1. Mose 18, 17):

„Da sprach der HERR: Wie kann ich Abraham verbergen, was ich tue, sintemal er ein großes und mächtiges Volk soll werden, und alle Völker auf Erden in ihm gesegnet werden sollen? Denn ich weiß, er wird befehlen seinen Kindern und seinem Hause nach ihm, dass sie des HERRN Wege halten und tun, was recht und gut ist, auf dass der HERR auf Abraham kommen lasse, was er ihm verheißen hat."

Auch für Abrahams Sohn Isaak wurde das prophezeit und auch er taucht in den Listen auf (1. Mose 17, 19):

„Da sprach Gott: Ja, Sara, dein Weib, soll dir einen Sohn gebären, den sollst du Isaak heißen; denn mit ihm will ich meinen ewigen Bund aufrichten und mit seinem Samen nach ihm. Dazu um Ismael habe ich dich auch erhört. Siehe, ich habe ihn gesegnet und will ihn fruchtbar machen und mehren gar sehr. Zwölf

Fürsten wird er zeugen, und ich will ihn zum großen Volk machen. Aber meinen Bund will ich aufrichten mit Isaak, den dir Sara gebären soll um diese Zeit im andern Jahr."

Isaak war der Zweitgeborene Abrahams. Der Erstgeborene war Ismael, den er mit der Magd Hagar gezeugt hatte, die von Sara, der Ehefrau beauftragt war, für sie ein Kind zu empfangen. Damit war nach damaligem Brauch Ismael ein legitimer Sohn Abrahams und Erstgeborener. Nach der unerwarteten späteren Geburt Isaaks durch Sara vertrieb jedoch Abraham Hagar und Ismael. Ismaels Zeugung war für ihn nur ein Notbehelf gewesen und er hatte jetzt bekommen, was er eigentlich wollte. Nur mit Gottes Hilfe überlebten die beiden. Auch hier gab es schon Unrecht bei der Frage des Erstgeburtsrechts.

Weiter geht die Prophezeiung mit dem ebenfalls gelisteten Jakob, Isaaks Sohn (4. Mose 24, 17):

„Ich sehe ihn, aber nicht jetzt; ich schaue ihn, aber nicht von nahe. Es wird ein Stern aus Jakob aufgehen und ein Zepter aus Israel aufkommen und wird zerschmettern die Fürsten der Moabiter und verstören alle Kinder des Getümmels."

Auch Jakob war nicht der Erstgeborene. Das war Esau. Die Bibel bemüht sich, die Erwählung des Zweitgeborenen zur Fortführung der Linie des Messias zu erklären, indem erzählt wird, dass der Vater, durch Lügen getäuscht, Jakob statt Esau gesegnet hätte. Dieser Segen sollte offenbar die Linie, die zu Jesus führt, auszeichnen.

Das Grundproblem

Nicht der Betrüger soll hier im Mittelpunkt stehen, sondern der Betrogene. Dies ist die Geschichte Esaus. Damit ist klar, auf wessen Seite der Autor im Konflikt zwischen Esau und Jakob steht. Außerdem geht es um Esaus Beziehung zu Gott. Hier haben wir die merkwürdige Situation, dass Gott einen Menschen gehasst haben soll (Römer 9, 10-13):

„Nicht allein aber ist's mit dem also, sondern auch, da Rebekka von dem einen, unserm Vater Isaak, schwanger ward: ehe die Kinder geboren waren und weder Gutes noch Böses getan hatten, auf dass der Vorsatz Gottes bestünde nach der Wahl, nicht aus Verdienst der Werke, sondern aus Gnade des Berufers, ward zu ihr gesagt: ‚Der Ältere soll dienstbar werden dem Jüngeren', wie denn geschrieben steht: ‚Jakob habe ich geliebt, aber Esau habe ich gehasst.'"

Dass Gott gehasst haben soll, ist befremdlich, kam aber vor. (Sprüche 6, 16-19):

„Sechs [Dinge] sind es, die dem Herrn verhasst sind und sieben sind seiner Seele ein Gräuel: Stolze Augen, falsche Zunge und Hände, die unschuldiges Blut vergießen; ein Herz, das heillose Anschläge schmiedet, Füße, die eilig dem Bösen nachlaufen; wer Lügen vorbringt als falscher Zeuge und wer freien Lauf lässt dem Zank unter Brüdern."

In dem Fall sind es menschliche Eigenschaften oder Sünden, die Gott besonders verhasst sind. Und schon wieder muss man sich wundern. Gerade das letzte Vergehen auf dieser Liste, dem Zank unter Brüdern freien Lauf zu lassen, könnte man Gott selbst in der Geschichte von Esau und Jakob zum Vorwurf machen (wenn man Gott kritisieren dürfte, was man nicht darf). Jeden Menschen würde man dafür verachten, aber Gottes Werke können die Menschen nicht beurteilen. Dafür ist der menschliche Verstand zu klein. Wir können unser Unverständnis in dieser Sache aber zum Anlass nehmen, die Geschichte genauer zu betrachten.

Dass Gott einen Menschen gehasst haben soll, klingt auf den ersten Blick merkwürdig. Es passt überhaupt nicht in das Bild, das wir uns von einem gnädigen, liebevollen Gott machen. Überhaupt ist es nicht angemessen, in anthropomorphen Begriffen von Gott zu sprechen. Andererseits steht es so geschrieben. Paulus hat es geschrieben.

Die Aussage muss wohl auch wichtig sein; denn der Evangelist hat sie trotz der Tatsache aufgeschrieben, dass er durchaus selbst Einwände vorhersah. Er fuhr nämlich fort (Römer 9, 14):

„Was wollen wir denn hier sagen? Ist denn Gott ungerecht? Das sei ferne! Denn er spricht zu Mose: ‚Welchem ich gnädig bin, dem bin ich gnädig; und welches ich mich erbarme, des erbarme ich mich.‘ So liegt es nun nicht an jemandes Wollen oder Laufen, sondern an Gottes Erbarmen. Denn die Schrift sagt zum Pharao: ‚Ebendarum habe ich dich erweckt, dass ich an dir meine Macht erzeige, auf dass mein Name verkündigt werde in allen Landen.‘ So erbarmt er sich nun, wessen er will, und verstockt, welchen er will.

So sagst du zu mir: Was beschuldigt er uns denn? Wer kann seinem Willen widerstehen? Ja, lieber Mensch, wer bist du denn, dass du mit Gott rechten willst? Spricht auch ein Werk zu seinem Meister: Warum machst du mich also? Hat nicht ein Töpfer Macht, aus einem Klumpen zu machen ein Gefäß zu Ehren und das andere zu Unehren? Derhalben, da Gott wollte Zorn erzeigen und kundtun seine Macht, hat er mit großer Geduld getragen die Gefäße des Zorns, die da zugerichtet sind zur Verdammnis; auf dass er kundtäte den Reichtum seiner Herrlichkeit an den Gefäßen der Barmherzigkeit, die er bereitet hat zur Herrlichkeit, welche er berufen hat, nämlich uns, nicht allein aus den Juden sondern auch aus den Heiden. Wie er denn auch durch Hosea spricht: ‚Ich will das mein Volk heißen, das nicht mein Volk war, und meine Liebe, die nicht meine Liebe war.'"

Paulus räumte damit zwar ein, dass sich unser Gerechtigkeitssinn sträuben könnte, hielt aber dagegen, dass es uns erstens als Gottes Geschöpfen nicht zustünde, Gottes Wirken zu bewerten, zweitens, dass Gott hier vielleicht seine Macht demonstrieren wollte, später zu lieben, wen er vorher nicht liebte. Das klingt recht hilflos. So in etwa hätte wohl auch ein Laie argumentiert. Hier aber schrieb ein Evangelist, ein Heiliger, einer, von dem man hoffen würde, dass er die Problematik besser hätte erklären können. Immerhin, wenn es so wäre, wie er schrieb, dass Gott später auch die Ungeliebten lieben würde, bestünde Hoffnung für Esau.

Trotzdem haben wir hier sich die Situation, dass die Bibel eine Erklärung schuldig bleibt, warum Gott Esau gehasst haben soll, und das schon vor seiner Geburt. Wenn wir die aposteriori-Erklärung durch Geschichtsklitterung für den Augenblick beiseitelassen wollen, dürfen wir spekulieren. Da Esau zum Zeitpunkt der Entstehung des Hasses noch keine Vergangenheit hatte, muss der Grund für den Hass in seiner Zukunft oder der seiner Nachkommen liegen, die einem allwissenden Gott bekannt gewesen sein dürfte. Er wird gewusst haben, dass Jesus Nachkomme der Linie Jakobs sein würde. Diese Linie war also auserwählt. Das mag sein, es würde die Bevorzugung Jakobs erklären, aber nicht den Begriff „Hass" für Esau. Ist der Begriff übertrieben? Immerhin erweist sich Esau in seinem Leben als erfolgreich. Selbst wenn er alles aus eigener Kraft und ohne Gottes Hilfe erreicht haben sollte, Gott hat es zumindest nicht verhindert. So sehr wird er ihn nicht gehasst haben.

Man muss den Hass Gottes vom Zorn Gottes unterscheiden. Zorn ist ein kurzzeitiger Gefühlsausbruch, Hass dauert an und zerfrisst den Hassenden von innen. Der Zorn Gottes konnte von den Menschen durch schlechtes Verhalten hervorgerufen werden und führte dann zu Strafaktionen wie der Sintflut und dem Untergang von Sodom und Gomorrha. Der Hass ist schwerer zu begründen und hat im Gegensatz zum Zorn seine Ursache und seinen Gegenstand in der Person des Gehassten selbst, nicht in dessen Handlungen. Esau wurde schon vor seiner Geburt von Gott gehasst, er als der, der er war. Für seine bloße Existenz.

Auch Augustinus hatte Schwierigkeiten mit dieser Problematik. In Erweiterung von Paulus' Gedanken entwickelte er die Lehre von der Erbschuld. Diese Schuld, die alle Menschen von Geburt an tragen, geht auf die Erbsünde zurück, das Essen der verbotenen Frucht vom Baum der Erkenntnis. Dies führte zur Vertreibung aus dem Paradies und brachte für alle Menschen eine Gottferne mit sich. Das bedeutet: Der Mensch war durch seine bloße Existenz von Geburt an schuldig. Das galt für alle Menschen nach dem Sündenfall. Die Schuld „vererbte" sich. Gott konnte einen Menschen begnadigen, erhöhen, wie er es mit Jakob getan hat. Aber dieser Akt der Gnade war freiwillig, nicht einklagbar. Gnade wird geschenkt, sie muss nicht gerecht verteilt werden. So ist es möglich, dass Esau ohne eigenes Dazutun im Zustand der Gottesferne verharrte. Das mag die Willkür Gottes rechtfertigen, Esau nicht zu mögen, aber es erklärt noch immer nicht den Begriff „Hass".

Was aber klar ist: Der Hass Gottes ist keine Strafe, er ist Schicksal. Er war auch in diesem Fall nicht auf die Vernichtung des Gehassten gerichtet. Dieser sollte nur klein gemacht werden.

Gottes Hass auf Esau wird auch in Maleachi 1,2 erwähnt:

„,Ich habe euch lieb', spricht der HERR. So sprecht ihr: ,Womit hast du uns lieb?' ,Ist nicht Esau Jakobs Bruder?', spricht der HERR, ,und doch habe ich Jakob lieb und hasse Esau und habe sein Gebirge öde gemacht und sein Erbe den Schakalen zur Wüste. Und ob Edom sprechen würde: Wir sind verderbt, aber wir wollen das Wüste wieder erbauen! so spricht der HERR Zebaoth also: Werden sie bauen, so will ich abbrechen, und es soll heißen die verdammte Grenze und ein Volk, über das der HERR zürnt ewiglich. Das sollen eure Augen sehen, und ihr werdet sagen: Der HERR ist herrlich in den Grenzen Israels.'"

Hier wollte Gott anscheinend den ganzen Stamm Edom (die Nachkommen Esaus) in seinem Fortkommen behindern und verfolgen (was sich auch bewahrheiten sollte). Seine Erwartung, dass dadurch angeblich sein Ruhm gemehrt werden würde, ist heute kaum verständlich. Sie erklärt sich nur daraus, dass der Stamm Edom später mit den Israeliten verfeindet war, so dass die Israeliten es verstanden haben werden. Diese Stelle ist mit größter Vorsicht zu genießen. Das passt doch überhaupt nicht zu 1. Johannes 4, 8:

„Wer nicht liebt, der kennt Gott nicht; denn Gott ist die Liebe."

Wenn es heißt: „Gott ist die Liebe", wie kann er dann hassen? Dazu später mehr.

Die Geburt der Zwillinge

Esau und Jakob waren Zwillinge. Daher war es eigentlich reiner Zufall, welcher der beiden zuerst herauskam und der Erstgeborene war (1. Mose 25):

„Isaak aber bat den HERRN für sein Weib, denn sie war unfruchtbar. Und der HERR ließ sich erbitten, und Rebekka, sein Weib, ward schwanger. Und die Kinder stießen sich miteinander in ihrem Leibe. Da sprach sie: ‚Da mir's also sollte gehen, warum bin ich schwanger geworden?', und sie ging hin, den HERRN zu fragen. Und der HERR sprach zu ihr: ‚Zwei Völker sind in deinem Leibe, und zweierlei Leute werden sich scheiden aus deinem Leibe; und ein Volk wird dem andern Überlegen sein, und der Ältere wird dem Jüngeren dienen.'"

Da soll wohl nahegelegt werden, dass der Streit der Brüder schon vor der Geburt begonnen hätte. Ein Zeichen? In Wirklichkeit dürfte es sich um normale Bewegungen der Föten gehandelt haben. Ihr Schicksal scheint festgelegt gewesen zu sein. Gott hatte Rebekka bereits seine Pläne bezüglich der Nachkommen der Zwillinge sowie seine Präferenz zwischen den beiden mitgeteilt. Vom Messias war allerdings noch nicht die Rede.

„Da nun die Zeit kam, dass sie gebären sollte, siehe, da waren Zwillinge in ihrem Leibe. Der erste, der herauskam, war rötlich, ganz rau wie ein Fell; und sie nannten ihn Esau. Danach kam heraus sein Bruder, der hielt mit seiner Hand die Ferse des Esau; und sie hießen ihn Jakob. Sechzig Jahre alt war Isaak, da sie geboren wurden."

Esau bedeutete so viel wie „behaart", Jakob bedeutete „Fersenhalter". Hier sollte es so aussehen, als ob Jakob Esaus Erstgeburt verhindern wollte, indem er ihn an der Ferse zurückhielt. Noch ein Zeichen? Abermals sicher Zufall.

Die beiden waren sehr verschieden. Das begann schon mit Äußerlichkeiten. Noch verschiedener aber waren sie in ihrem Verhalten:

„Und da nun die Knaben groß wurden, ward Esau ein Jäger und streifte auf dem Felde, Jakob aber ein sanfter Mann und blieb in seinen Hütten. Und Isaak hatte Esau lieb und aß gern von seinem Weidwerk; Rebekka aber hatte Jakob lieb."

Die selektive Zuneigung des Vaters zu Esau und der Mutter zu Jakob beruhte auf Gegenseitigkeit: Esau war gern draußen, wo der Vater Aufsicht führte, Esau bevorzugte die Hütten, das Reich der Mutter. Da war eine gewisse Entwicklung vorgezeichnet. Esau wurde ein Vatersohn, Jakob ein Muttersohn. Volker Elis Pilgrim[1] ordnete solchen Persönlichkeitstypen psychische Profile zu: Vatersöhne konnten mit Hilfe des Vaters ihre Männlichkeit ausbilden (es musste nicht immer der leibliche

---

[1] Volker Elis Pilgrim: Muttersöhne, Claassen, Düsseldorf (1986); Vatersöhne, Rowohlt, Reinbek bei Hamburg (1993).

Vater sein, auch vaterähnliche Figuren wie Großväter oder Onkel kamen in Frage). Sie sind friedliebend, Teamplayer, Versorger, allerdings unterwürfig gegenüber Vaterfiguren, also autoritätshörig. Muttersöhnen dagegen fehlte eine Vaterfigur, mit der sie sich identifizieren konnten. Die Mutter füllte die Lücke (es konnten auch mutterähnliche Figuren wie Großmütter oder Tanten sein). So konnten diese Söhne sich nicht aus der mütterlich-weiblich geprägten Kindheit befreien, sie tragen in sich die projizierte Unzufriedenheit der Mutter mit ihrer gesellschaftlichen Rolle, sie überdecken weibliche Verhaltensmuster mit scheinbarer Männlichkeit, was zu inneren Konflikten führt, sie manipulieren, intrigieren, sind ehrgeizig, machthungrig und neigen, wenn sie an die Macht kommen, zu Autokratie und Gewalt. Pilgrim nennt als Bespiele für Vatersöhne Mozart, Goethe und Freud, als Beispiele für Muttersöhne Hitler, Stalin und Napoleon.

Pilgrim konstatiert, dass Vatersöhne in ihrer friedlichen, autoritätshörigen Art den schillernden, machthungrigen Muttersöhnen nicht gewachsen sind und dass, wenn sie aufeinandertreffen, wenn es zur Konfrontation kommt, Vatersöhne vor Muttersöhnen zusammenbrechen.

Diese Schemata sind natürlich schablonenhaft und treffen nicht in jedem Einzelfall zu. Trotzdem lassen sich immer wieder einzelne Züge identifizieren, die passen, so im vorliegenden Fall. Manche der Züge lassen sich allerdings auch anders erklären. In unserer Geschichte wird der Muttersohn Jakob von einem Ehrgeiz getrieben, der auch durch Geschwisterrivalität, die oft zwischen Zwillingen besonders ausgeprägt ist, zu erklären wäre (allerdings zeigt Esau diesen übertriebenen Ehrgeiz nicht). Typisch für das Prägungsschema wäre auf jeden Fall, dass der

Vatersohn Esau vom Muttersohn Jakob ausgehebelt wird, ihm an Durchsetzungskraft nicht gewachsen ist. Auch passt die Schablone, dass der Vatersohn Esau der moralisch richtig Handelnde ist, der auch bereit ist zu verzeihen. Umgekehrt verkörpert der Muttersohn Jakob den Intriganten. Ihr Konflikt symbolisiert den Konflikt des Vatersohnes mit dem Muttersohn. Bezeichnenderweise geht der Konflikt vom Muttersohn aus. Wir werden darauf noch eingehen.

Die Bibel berichtet nichts mehr über die Entwicklung der Zwillinge bis zu der Sache mit dem Linsengericht.

Das Linsengericht

Die Episode mit dem Linsengericht klingt ziemlich unglaubhaft. Man kann sich kaum vorstellen, dass Esau auf so einen albernen Handel eingegangen sein soll. Sie waren noch jung und vielleicht war das Ganze wirklich nichts als eine Kinderei. Jakob wollte Esau sein Erstgeburtsrecht gegen ein Linsengericht eintauschen. Da wir das genaue Alter der Brüder nicht erfahren, wissen wir nicht, ob sie schon geschäftsfähig waren. Auch erfahren wir nicht, wie in Jakob die Idee zu diesem Vorschlag reifte. Später spielte seine Mutter in der Hinsicht eine Rolle. Hier schien es sich aber wohl wirklich nur um eine Spielerei zu handeln, die, ähnlich wie das Stoßen im Mutterleib und das Festhalten der Ferse, auf die zukünftigen Ereignisse vorbereiten sollte. Beschrieben wird die Geschichte in 1. Mose 25:

„Und Jakob kochte ein Gericht. Da kam Esau vom Felde und war müde und sprach zu Jakob: ‚Lass mich kosten das rote Gericht; denn ich bin müde.' Daher heißt er Edom."

Zur Erklärung: „Edom" bedeutete „rot" und konnte sich entweder auf den rötlichen Teint des Esau beziehen oder auf die rötliche Farbe des Linsengerichtes.

„Aber Jakob sprach: ‚Verkaufe mir heute deine Erstgeburt.' Esau antwortete: ‚Siehe, ich muss doch sterben; was soll mir denn die Erstgeburt?'"

Esau spielte hier die Rolle eines gedankenlosen Luftikus. Oder war sein Hunger so groß, dass er sich nicht beherrschen konnte? Wer soll das glauben? Das war ja fast zu leicht. Jakob wurde unsicher und wollte sich absichern:

„Jakob sprach: ‚So schwöre mir heute.'

Und er schwur ihm und verkaufte also Jakob seine Erstgeburt. Da gab ihm Jakob Brot und das Linsengericht, und er aß und trank und stand auf und ging davon. Also verachtete Esau seine Erstgeburt."

Was Jakob hier abzog, war zumindest abstoßend. So verhält man sich nicht zu seinem hungrigen Bruder. Aber auch Esaus Verhalten, wie es hier beschrieben wird, verwundert. Nahm er das Ganze nicht ernst? Hielt er es eventuell für eine scherzhafte Entre-nous-Vereinbarung. Jedenfalls zeigt seine spätere Reaktion auf den vollzogenen Betrug mit dem Segen, dass ihm die Angelegenheit, wenn es ernst wurde, nicht so gleichgültig war, wie es hier hingestellt werden sollte. Er wurde damals nämlich richtig wütend und Jakob musste fliehen. Was soll man davon halten? Stimmt die Geschichte?

Das Erstgeburtsrecht bedeutete zu jener Zeit, dass nach dem Tod des Vaters der älteste Sohn die Führung und Versorgung der Familie übernahm, wofür er einen doppelten Erbteil erhielt. Es geschah damals durchaus öfter, dass dieses Recht vom Vater einem anderen als dem ältesten Sohn zugesprochen wurde. In anderen Fällen (wie dem hier vorliegenden) war es Gott, der den jüngeren der Brüder bevorzugte.

Es gibt die Hypothese[2], dass der Grund dafür in einem Wandel des jüdischen Rechts liegen könnte. Im älteren Recht soll eventuell eine Ultimogenitur bestanden haben, also ein bevorzugtes Erbrecht des jüngsten Sohnes, wohl aus dem Grund, dass jener noch am unselbständigsten wäre und nach dem Tod des Vaters am meisten auf das Erbe angewiesen wäre. Das zur Zeit der biblischen Überlieferung geltende Recht war hingegen auf die Primogenitur umgestellt worden, das Erstgeburtsrecht. Die Fälle von Bevorzugung jüngerer Brüder vor älteren wäre dann Ausdruck eines Noch-verhaftet-Seins im alten Rechtsempfinden. Die Beispiele sind zahlreich: Kain und Abel, Ismael und Isaak, Esau und Jakob, Ruben und Josef, Manasse und Ephraim.

Diese Willkür wurde aber später abgestellt, dem Vater untersagt, eigenmächtig über das Erstgeburtsrecht zu verfügen (5. Mose 21, 15-17):

„Wenn jemand zwei Weiber hat, eine, die er liebhat, und eine, die er hasst, und sie ihm Kinder gebären, beide, die liebe und die unwerte, dass der Erstgeborene von der unwerten ist, und die Zeit kommt, dass er seinen Kindern das Erbe austeile,

---

[2] J. Jacobs: Junior-Right in Genesis, Archeological Review 1, p.331-342 (1888); J. Frazer: Folk-Lore in the Old Testament (1919); B. Hensel: Die Vertauschung des Erstgeburtssegens in der Genesis: eine Analyse der narrativ-theologischen Grundstruktur des ersten Buches der Tora, (2011).

so kann er nicht den Sohn der liebsten zum erstgeborenen Sohn machen für den erstgeborenen Sohn der unwerten, sondern er soll den Sohn der unwerten für den ersten Sohn erkennen, dass er ihm zwiefältig gebe von allem, was vorhanden ist; denn derselbe ist der Erstling seiner Kraft, und der Erstgeburt Recht ist sein."

Es war von da an verboten, dass der Vater einem anderen als dem Erstgeborenen das Erstgeburtsrecht zusprach. Es wird dargelegt, dass, selbst wenn er nachvollziehbare Gründe für seinen Wunsch haben könnte, das nichts daran änderte: Er hatte nicht das Recht dazu. Tat er es dennoch, blieb seine Handlung ohne jegliche Rechtswirksamkeit.

Gänzlich unberührt von jeder Entscheidung des Vaters blieb auch vorher schon und seit jeher der Titel „Erstgeborener", der die unabänderliche Tatsache der Erstgeburt bezeichnete und unwiderruflich mit der Geburt erworben war. Das galt auch für die mit der Erstgeburt einhergehende religiöse und soziale Stellung. Esau behielt diesen Status sein Leben lang.

Das Erstgeburtsrecht war demnach nur eine materielle Verfügung. Vielleicht war Esau an Materiellem nicht interessiert und hat es deshalb missachtet. Trotzdem war Jakobs Trachten nach dem Erstgeburtsrecht ein Warnsignal, dass er auch nach dem Erstgeburtssegen trachtete, den zu verlieren Esau, wie sich dann herausstellte, gar nicht recht war.

In der Bibel wird nämlich ein Unterschied zwischen dem Erstgeburtsrecht und dem Erstgeburtssegen gemacht. Wenn man der Geschichte vom Linsengericht folgen will, hätte Esau zwar auf das Erstgeburtsrecht verzichtet, nicht aber auf den Segen.

War Esau zu wenig vorausschauend? Ignorierte er die Warnsignale? Oder wurde die Geschichte verdreht? Zeugen gab es für den Handel mit dem Linsengericht jedenfalls nicht.

Esaus Frauen (1)

Die Zeit verging. Isaak zog mit seiner Familie nach Gerar im Land der Philister, dann nach Beerscheba. Dort nahm Esau, als er vierzig Jahre alt war, zwei Töchter von Hethitern zu Frauen (1. Mose 26):

„Da Esau vierzig Jahre alt war, nahm er zum Weibe Judith, die Tochter Beeris, des Hethiters, und Basmath, die Tochter Elons, des Hethiters. Die machten beide Isaak und Rebekka eitel Herzeleid."

Mit den beiden verstanden sich also Esaus Eltern nicht, insbesondere war es, wie sich später herausstellte, Rebekka, die Schwierigkeiten mit ihnen hatte. Das war ja auch kein Wunder. Rebekka bevorzugte Jakob, und nun heiratete der andere der Zwillinge, Esau, zuerst, und noch dazu gleich zwei Frauen. Er würde wahrscheinlich auch zuerst Nachkommen zeugen. So hatte sie sich das nicht gedacht. Hinzu kam, dass die beiden Frauen nicht aus dem Stamme Abrahams waren, sondern einer anderen, am Ort sesshaften, Volksgruppe, den Hethitern angehörten. Esau war schon wieder ins Fettnäpfchen getreten. Wie sich im Nachhinein herausstellte, hatte seine Mutter etwas gegen Hethiterinnen. Die Mutter-Sohn-Beziehung war schon gestört, und nun bahnte sich noch eine angespannte Schwiegermutter-Schwiegertöchter-Kiste an. Man kann sich vorstellen, wie das ablief. Die Schwiegertöchter handhaben die Dinge in ihrem Haushalt nach Art der Hethiterinnen, Rebekka passte das nicht, sie kannte es anders, mischte sich ein. Die Schwiegertöchter beklagten sich bei Esau, der hielt sich heraus. Rebekka beklagte sich bei Isaak. Der hielt sich auch heraus. Rebekka stichelte gegen die Schwiegertöchter, die stichelten zurück – immerhin waren sie zu zweit. Ein Wort gab das andere. Der Streit eskalierte, womöglich kam es zu Handgreiflichkeiten. Eine unangenehme Situation, in die sie sich hineinmanövriert hatten, aber Rebekka würde sie bei geeigneter Gelegenheit als Argument für ihre Zwecke entdecken und nutzen.

Es musste viel Zeit vergangen sein seit der Geschichte mit dem Linsengericht, woraus folgt, dass die beiden zum Zeitpunkt des Linsengerichts noch recht jung gewesen sein müssen. Esau mochte die Sache längst vergessen haben, aber sie fand ihre Fortsetzung. Die Erstgeburt scheint bei Jakob zur fixen Idee geworden zu sein. Schon beim Linsengericht spielte er eine schäbige Rolle, aber was jetzt kam, war noch schlimmer.

Der Segen

Der Segen, um den es eigentlich bei der Sache geht, wurde damals normalerweise vom Vater dem erstgeborenen Sohn erteilt. In der Vorgeschichte des Messias spielte dieser Segen auch die Rolle der Auserwählung der Linie, die von Abraham über David zu Jesus führte, wie die Prophezeiung es ja verlangte. Und diese Linie lief nun einmal über Jakob. Also musste Jakob durch den Segen ausgezeichnet werden. Das war der Plan und dem musste sich alles andere unterordnen. Wessen Plan? Gottes Plan.

Esaus Vater Isaak wusste natürlich nichts von der Zukunft seiner Nachkommen und hatte die Absicht, Esau zu segnen. Als er seinen Tod nahen zu fühlen glaubte, rief er ihn zu sich (1. Mose 27):

„Und es begab sich, da Isaak alt war geworden und seine Augen dunkel wurden zu sehen, rief er Esau, seinen älteren Sohn, und sprach zu ihm: ‚Mein Sohn!' Er aber antwortete ihm: ‚Hier bin ich.' Und er sprach: ‚Siehe, ich bin alt geworden und weiß nicht, wann ich sterben soll. So nimm nun dein Geräte, Köcher und Bogen, und geh aufs Feld und fange mir ein Wildbret und mache mir ein Essen, wie ich's gern habe, und bringe mir's herein, dass ich esse, dass dich meine Seele segne, ehe ich sterbe.'"

Diesen Segen wollte Gott Jakob zukommen lassen und hatte die Mutter der Brüder, Rebekka, diesbezüglich eingeweiht. Jetzt war der Zeitpunkt ihres Eingreifens gekommen:

„Rebekka aber hörte solche Worte, die Isaak zu seinem Sohn Esau sagte. Und Esau ging hin aufs Feld, dass er ein Wildbret jagte und heimbrächte. Da sprach Rebekka zu Jakob, ihrem Sohn: ‚Siehe, ich habe gehört deinen Vater reden mit Esau, deinem Bruder, und sagen: Bringe mir ein Wildbret und mache mir ein Essen, dass ich esse und dich segne vor dem HERRN, ehe ich sterbe. So höre nun, mein Sohn, meine Stimme, was ich dich heiße. Gehe hin zur Herde und hole mir zwei gute Böcklein, dass ich deinem Vater ein Essen davon mache, wie er's gerne hat. Das sollst du deinem Vater hineintragen, dass er esse, auf dass er dich segne vor seinem Tode.'"

Dann wurde von beiden gemeinsam der Betrug am Vater Isaak geplant. Jakob zögerte noch, aber nicht wegen eines schlechten Gewissens, sondern aus Angst vor Entdeckung und aus Furcht, statt des Segens einen Fluch auf sich zu laden. Isaak war zwar bereits erblindet, aber er konnte noch riechen und tasten. Esau war sehr stark behaart und roch nach der Natur, während Jakob weniger behaart war und sich meist in den Hütten aufhielt.

„Jakob aber sprach zu seiner Mutter Rebekka: Siehe, mein Bruder Esau ist rau, und ich glatt; so möchte vielleicht mein Vater mich betasten, und ich würde vor ihm geachtet, als ob ich ihn betrügen wollte, und brächte über mich einen Fluch und nicht einen Segen."

Rebekka räumte Jakobs Bedenken aus. Den Fluch wollte sie auf sich nehmen. Auch für die anderen Erkennungsmerkmale wusste sie Hilfe:

„Da sprach seine Mutter zu ihm: ‚Der Fluch sei auf mir, mein Sohn; gehorche nur meiner Stimme, gehe und hole mir.' Da ging er hin und holte und brachte es seiner Mutter.

Da machte seine Mutter ein Essen, wie es sein Vater gern hatte, und nahm Esaus, ihres älteren Sohnes, köstliche Kleider, die sie bei sich im Hause hatte, und zog sie Jakob an, ihrem jüngeren Sohn; aber die Felle von den Böcklein tat sie um seine Hände, und wo er glatt war am Halse, und gab also das Essen mit Brot, wie sie es gemacht hatte, in Jakobs Hand, ihres Sohnes."

Hier wundert man sich schon wieder. Genügt ein schlichtes „Der Fluch sei auf mir", um den Fluch umzulenken? Wenn es so einfach wäre, dann hätte Isaak später zu Esau sagen können: „Der Segen sei auf dir", und alles wäre in Ordnung gewesen. Wird da etwas konstruiert, was inkonsistent ist?

Aber weiter: Der Betrug konnte nun vonstattengehen. Beiden war klar, dass sie gegen Isaaks Willen handelten, dass es sich um einen Schwindel handelte. Über die Tatsache, dass Rekekka ihren Ehemann und Sohn und Jakob seinen Vater und Bruder verriet, machten sie sich keine Gedanken.

„Und er ging hinein zu seinem Vater und sprach: ‚Mein Vater!' Er antwortete: ‚Hier bin ich. Wer bist du, mein Sohn?' Jakob sprach zu seinem Vater: ‚Ich bin Esau, dein erstgeborener Sohn; ich habe getan, wie du mir gesagt hast. Steh auf, setze dich und iss von meinem Wildbret, auf dass mich deine Seele segne.' Isaak aber sprach zu seinem Sohn: ‚Mein Sohn, wie hast du es so bald gefunden?' Er antwortete: ‚Der HERR, dein Gott, bescherte mir's.' Da sprach Isaak zu Jakob: ‚Tritt herzu, mein Sohn, dass ich dich betaste, ob du mein Sohn Esau seiest oder nicht.' Also trat Jakob zu seinem Vater Isaak; und da er ihn betastet hatte, sprach er: ‚Die Stimme ist Jakobs Stimme, aber die Hände sind Esaus Hände.' Und er erkannte ihn nicht; denn seine Hände waren rau wie Esaus, seines Bruders, Hände. Und er segnete ihn und sprach zu ihm: ‚Bist du mein Sohn Esau?' Er antwortete: ‚Ja, ich bin's.' Da sprach er: ‚So bringe mir her, mein Sohn, zu essen von deinem Wildbret, dass dich meine Seele segne.' Da brachte er's ihm, und er aß, und trug ihm auch Wein hinein, und er trank.

Und Isaak, sein Vater, sprach zu ihm: ‚Komm her und küsse mich, mein Sohn.' Er trat hinzu und küsste ihn. Da roch er den Geruch seiner Kleider und segnete ihn und sprach: ‚Siehe, der Geruch meines Sohnes ist wie ein Geruch des Feldes, das der HERR gesegnet hat. Gott gebe dir vom Tau des Himmels und von der Fettigkeit der Erde und Korn und Wein die Fülle. Völker müssen dir dienen, und Leute müssen dir zu Fuße fallen. Sei ein Herr über deine Brüder, und deiner Mutter Kinder müssen dir zu Fuße fallen. Verflucht sei, wer dir flucht; gesegnet sei, wer dich segnet.'"

Auch hier gab es eine Art Judaskuss. Zusätzlich eine schwere Lüge. Für den unbefangenen Leser erhebt sich sowieso die

Frage, ob ein Segen, der mit der Identifizierung des zu Segnenden beginnt („Bist du mein Sohn Esau?" – „Ja, ich bin's"), bei falscher Antwort überhaupt gültig ist. Der Segen lautete eindeutig auf Esau. Hier wird einem äußeren Ritual eine Bedeutung zugemessen, die gegen den Sinn des Rituals gewendet ist. Das ist heute kaum noch verständlich.

Heute zählt ein erschwindeltes oder erpresstes Wort vor Gericht nicht. Heute lässt man auch Korrekturen zu. Damals war das anders. Dem gesprochenen Wort wurde große Bedeutung zugemessen. Selbst noch in der Inquisition wurde das erzwungene Geständnis als wahr angenommen. Das Argument damals: Gott hätte eine Falschaussage verhindert. Wie aber, wenn Gott das Geschehene gewollt hätte, obwohl es Unrecht war?

Natürlich kam die Sache heraus:

„Als nun Isaak vollendet hatte den Segen über Jakob, und Jakob kaum hinausgegangen war von seinem Vater Isaak, da kam Esau, sein Bruder, von seiner Jagd und machte auch ein Essen und trug es hinein zu seinem Vater und sprach zu ihm: ‚Steh auf, mein Vater, und iss von dem Wildbret deines Sohnes, dass mich deine Seele segne.'

Da antwortete ihm Isaak, sein Vater: ‚Wer bist du?' Er sprach: ‚Ich bin Esau, dein erstgeborener Sohn.' Da entsetzte sich Isaak über die Maßen sehr und sprach: ‚Wer ist denn der Jäger, der mir gebracht hat, und ich habe von allem gegessen, ehe du kamst, und habe ihn gesegnet? Er wird auch gesegnet bleiben.' Als Esau diese Rede seines Vaters hörte, schrie er laut und ward über die Maßen sehr betrübt und sprach zu seinem Vater: ‚Segne mich auch, mein Vater!' Er aber sprach: ‚Dein Bruder ist gekommen mit List und hat deinen Segen hinweggenommen.'"

Erst wusste Isaak nicht, wer sich den Segen erschlichen hat, dann sprach er plötzlich wie selbstverständlich davon, dass es Jakob war. Ein Gedankensprung vielleicht, aber andererseits naheliegend. Esau brauchte etwas länger, bis er die Situation überschaut hatte:

„Da sprach er: ‚Er heißt wohl Jakob; denn er hat mich nun zweimal überlistet. Meine Erstgeburt hat er dahingenommen; und siehe, nun nimmt er auch meinen Segen.'"

Volksetymologisch muss der Name Jakob wohl noch die Bedeutung „Betrüger" gehabt haben (hebräisch akab = betrügen). Nomen est omen. Eine weitere Interpretation des Namens ist „Gott beschütze ihn", was sich ebenfalls bewahrheitete.

Interessant, dass Esau von einer zweiten Überlistung sprach. Mit der ersten Überlistung meinte er wohl die Sache mit dem Linsengericht. Damit würde, wenn man die Sache wörtlich nähme, Esau bestätigen, dass ihm das Erstgeburtsrecht genommen worden war. Allerdings spricht er von einer Überlistung oder einem Betrug, wovon in der Episode nicht die Rede war. Offenbar hatte Esau etwas anderes erlebt, als im vorhergehenden Text berichtet wurde. Was war damals wirklich geschehen? Ich kann es nicht beantworten.

Jetzt also der zweite Betrug. Esau suchte nach einem Ausweg, er war verzweifelt.

„Und sprach: ‚Hast du mir denn keinen Segen vorbehalten?' Isaak antwortete und sprach zu ihm: ‚Ich habe ihn zu Herrn über dich gesetzt, und alle seine Brüder habe ich ihm zu Knechten gemacht, mit Korn und Wein habe ich ihn versehen; was soll ich doch dir nun tun, mein Sohn?' Esau sprach zu seinem Vater: ‚Hast du denn nur einen Segen, mein Vater? Segne mich auch, mein Vater!', und hob auf seine Stimme und weinte. Da antwortete Isaak, sein Vater, und sprach zu ihm: ‚Siehe da, du wirst eine Wohnung haben ohne Fettigkeit der Erde und ohne Tau des Himmels von oben her. Von deinem Schwerte wirst du dich nähren und deinem Bruder dienen. Und es wird geschehen, dass du auch ein Herr sein und sein Joch von deinem Halse reißen wirst.'"

Immerhin würde Esau die Vorherrschaft seines Bruders wieder abschütteln. Aber trotzdem: welch eine Demütigung! Jetzt hatte Esau es verstanden. Fast scheint es, als ob er zuerst ein wenig begriffsstutzig gewesen wäre. Nun aber wurde er richtig wütend.

„Und Esau war Jakob gram um des Segens willen, mit dem ihn sein Vater gesegnet hatte, und sprach in seinem Herzen: ‚Es wird die Zeit bald kommen, da man um meinen Vater Leid tragen muss; dann will ich meinen Bruder Jakob erwürgen.' Da wurden Rebekka angesagt diese Worte ihres älteren Sohnes Esau; und sie schickte hin und ließ Jakob, ihren jüngeren Sohn, rufen und sprach zu ihm: ‚Siehe, dein Bruder Esau droht dir, dass er dich erwürgen will. Und nun höre meine Stimme, mein

Sohn: Mache dich auf und fliehe zu meinem Bruder Laban gen Haran und bleib eine Weile bei ihm, bis sich der Grimm deines Bruders legt und bis sich sein Zorn wider dich von dir wendet und er vergisst, was du an ihm getan hast; so will ich darnach schicken und dich von dannen holen lassen. Warum sollte ich euer beider beraubt werden auf einen Tag?'"

Wie soll Rebekka hintertragen worden sein, was Esau „in seinem Herzen" sprach. Führte er laute Selbstgespräche? War es gar Gott, der ihr das mitteilte, da er schon mit ihr im Bunde war? Das bleibt offen. Jedenfalls wurde Jakob gewarnt. Rebekka suchte nach einem Vorwand, Jakob wegzuschicken.

„Und Rebekka sprach zu Isaak: ‚Mich verdrießt, zu leben vor den Töchtern Heth. Wo Jakob ein Weib nimmt von den Töchtern Heth wie diese, von den Töchtern des Landes, was soll mir das Leben?'"

Jakob sollte also keine Hethiterin zur Frau nehmen, weil sie sich nicht mit Esaus Frauen verstand. Jetzt konnte sie den Streit mit ihren Schwiegertöchtern auch einmal für ihre Zwecke nutzen. Isaak hatte kein Problem, sich dem Wunsch seiner Frau zu fügen (1. Mose 28):

„Da rief Isaak seinen Sohn Jakob und segnete ihn und gebot ihm und sprach zu ihm: ‚Nimm nicht ein Weib von den Töchtern Kanaans; sondern mache dich auf und ziehe nach Mesopotamien zum Hause Bethuels, des Vaters deiner Mutter, und nimm dir ein Weib daselbst von den Töchtern Labans, des Bruders deiner Mutter. Aber der allmächtige Gott segne dich und mache dich fruchtbar und mehre dich, dass du werdest ein

Haufe Völker, und gebe dir den Segen Abrahams, dir und deinem Samen mit dir, dass du besitzest das Land, darin du ein Fremdling bist, das Gott Abraham gegeben hat.' Also fertigte Isaak den Jakob ab, dass er nach Mesopotamien zog zu Laban, Bethuels Sohn, in Syrien, dem Bruder Rebekkas, seiner und Esaus Mutter."

Allzu viel Groll schien Isaak nicht mehr gegen Jakob gehegt zu haben. Immerhin segnete er ihn abermals und diesmal ganz bewusst. Offenbar hatte er das Fait accompli akzeptiert. Es musste Gottes Wille gewesen sein. Da konnte man nichts machen. Er war ein vernünftiger Mann. Bei so viel Vernunft fragt man sich allerdings, warum Gott nicht vorher mit ihm gesprochen hatte, wie er es mit Rebekka getan hatte. Der unschöne Betrug hätte vermieden werden können. Und Esau hätte sich mit Gott auseinandersetzen müssen statt mit seinem Bruder. Wie er sich da wohl verhalten hätte? Hätte er mit Gott gebrochen? Bestand da überhaupt ein Band?

Wie die Sache nun aber stand, richtete sich Esaus Zorn auf Jakob. Isaak wusste das und hielt die sich jetzt auftuende Lösung für gut. Er wollte keinen offenen Streit zwischen seinen Söhnen. Schließlich gab es ja noch die Vaterliebe – trotz allem war Jakob sein Sohn. Jakob zog also nach Haran in Nordmesopotamien zu Laban.

Dass Jakob gar keinen Versuch machte, den Betrug mit dem Segen vor Esau zu rechtfertigen, sondern floh, zeigt, dass er selbst sein Unrecht erkannte: Es gab einen Unterschied zwischen Erstgeburtsrecht und Erstgeburtssegen. Um den Segen ging es. Die Episode mit dem Linsengericht diente nur zur oberflächlichen Beschönigung der Tat. Esau sollte wohl glauben, den Segen selbst verwirkt zu haben, sollte sich selbst schuldig fühlen. Die Rechnung ging nicht auf. Esau war wütend und Jakob floh.

Esaus Frauen (2)

Und was machte Esau? Er war ein braver Vatersohn, richtete sich nach dem kürzlich geäußerten Geschmack seines Vaters, Frauen betreffend, und nahm sich eine Frau aus der Verwandtschaft zusätzlich zu denen, die er schon hatte:

„Als nun Esau sah, dass Isaak Jakob gesegnet hatte und abgefertigt nach Mesopotamien, dass er daselbst ein Weib nähme, und dass er, indem er ihn segnete, ihm gebot und sprach: ‚Du sollst nicht ein Weib nehmen von den Töchtern Kanaans‘, und dass Jakob seinem Vater und seiner Mutter gehorchte und nach Mesopotamien zog, sah auch, dass Isaak, sein Vater, nicht gerne sah die Töchter Kanaans: ging er hin zu Ismael und nahm zu den Weibern, die er zuvor hatte, Mahalath, die Tochter Ismaels, des Sohnes Abrahams, die Schwester Nebajoths, zum Weibe."

Das zeigt, dass Rebekkas vorgeschobenes Argument für den Wegzug Jakobs löchrig war. Es gab am Ort Frauen, die aus dem Stamm Abrahams waren, somit auch für sie akzeptabel gewesen wären. Indes hatte Isaak das vorgeschobene Argument gern akzeptiert, da auch er es wohl für vernünftig gehalten haben wird, die Brüder zu trennen.

Dass Jakob wegzog, mag aus seiner physischen Schwäche gegenüber Esau zu begründen sein. Trotzdem passt es nicht zu seinem angeblich erworbenen Erstgeburtsrecht. In der Rolle des Erstgeborenen hätte er am Ort bleiben müssen und für seinen altersschwachen Vater die Stellung halten müssen. Diese Rolle übernahm nun Esau, wie auch jedermann, der die Geschichte mit dem Linsengericht und dem Segen nicht kannte, erwartet hätte. Das spricht dafür, dass die Streitereien der Brüder gar nicht bekanntgemacht worden waren. Dazu später mehr.

Polygamie, wie sie hier berichtet wird, war zu jener Zeit weit verbreitet. Auch Jakob nahm sich später mehrere Frauen. Diese Sitte verschwand irgendwann. Von Jesus ist umstritten, ob er überhaupt verheiratet war – unbestätigten Gerüchten zufolge mit Maria Magdalena. Wenn ja, lebte er sicher monogam. Allgemein galt im Neuen Testament die Monogamie als die angemessene Form (1. Korinther 7):

„Wegen der weitverbreiteten Hurerei habe jeder Mann seine eigene Frau, und jede Frau habe ihren eigenen Mann."

Es ist ja mit der Ehe nicht wie mit materiellen Dingen. Ein Mehr kann ein Weniger bedeuten, kann das, was man hat, zerstören. Da erhebt sich die Frage: War Esau in so einer Konstellation wirklich glücklich? Wir wissen es nicht. Überhaupt erfahren wir nichts über Esaus Leben von da an bis zu dem Zeitpunkt, da Jakob zurückkehrte.

Die Versöhnung

Zwanzig Jahre waren vergangen. Jakob hatte bei Laban in Mesopotamien eine Familie gegründet, war erfolgreich, erregte aber den Neid der Verwandten Labans und entschloss sich, bestärkt durch Gottes Weisung, zu fliehen. Er zog in Richtung seiner alten Heimat Kanaan, so dass er in Esaus Nähe kam, der sich zu jener Zeit im Seir-Gebirge aufhielt. Jakob wusste, dass er um eine Begegnung nicht herumkommen würde. Wohl hoffte er auf eine Versöhnung, hatte aber Angst. Daher schickte er Boten voraus, um seinen Bruder zu besänftigen (1. Mose 32):

„Jakob aber schickte Boten vor sich her zu seinem Bruder Esau ins Land Seir, in die Gegend Edoms, und befahl ihnen und sprach: ,Also sagt meinem Herrn Esau: Dein Knecht Jakob lässt dir sagen: Ich bin bis daher bei Laban lange außen gewesen und habe Rinder und Esel, Schafe, Knechte und Mägde; und habe ausgesandt, dir, meinem Herrn, anzusagen, dass ich Gnade vor deinen Augen fän de.'"

Jakob wartete ungeduldig, ja ängstlich, auf die Rückkehr der Boten mit einer Antwort.

„Die Boten kamen wieder zu Jakob und sprachen: ,Wir kamen zu deinem Bruder Esau; und er zieht dir auch entgegen mit vierhundert Mann.' Da fürchtete sich Jakob sehr, und ihm ward bange; und teilte das Volk, das bei ihm war, und die Schafe und die Rinder und die Kamele in zwei Heere und sprach:

‚So Esau kommt auf das eine Heer und schlägt es, so wird das übrige entrinnen.'"

Das waren Vorsichtsmaßnahmen. Die traf er zuerst. Dann, sozusagen als zweitrangige Maßnahme, fiel ihm noch ein, Gott um Hilfe zu bitten. Die Reihenfolge der Maßnahmen ist bezeichnend für sein Gottvertrauen.

„Weiter sprach Jakob: ‚Gott meines Vaters Abraham und Gott meines Vaters Isaak, HERR, der du zu mir gesagt hast: Zieh wieder in dein Land und zu deiner Freundschaft, ich will dir wohltun! Ich bin zu gering aller Barmherzigkeit und aller Treue, die du an deinem Knechte getan hast; denn ich hatte nicht mehr als diesen Stab, da ich über den Jordan ging, und nun bin ich zwei Heere geworden. Errette mich von der Hand meines Bruders, von der Hand Esaus; denn ich fürchte mich vor ihm, dass er nicht komme und schlage mich, die Mütter samt den Kindern. Du hast gesagt, ich will dir wohltun und deinen Samen machen wie den Sand am Meer, den man nicht zählen kann vor der Menge.'"

Er bat nicht nur, er versuchte, Gott auf seine Versprechen festzunageln. („Du hast gesagt …") So rechtet man nicht mit Gott! Das würde heute keiner mehr wagen. Aber Gott nahm es Jakob nicht krumm. Jakob musste wirklich einen Riesenstein bei Gott im Brett gehabt haben.

Ferner bereitete Jakob Geschenke für Esau vor. Als ob es hier um eine materielle Wiedergutmachung ginge! Aber der gute Wille wurde dadurch erkennbar.

„Und er blieb die Nacht da und nahm von dem, das er vor Händen hatte, ein Geschenk für seinen Bruder Esau: zweihundert Ziegen, zwanzig Böcke, zweihundert Schafe, zwanzig Widder und dreißig säugende Kamele mit ihren Füllen, vierzig Kühe und zehn Farren, zwanzig Eselinnen mit zehn Füllen, und tat sie unter die Hand seiner Knechte, je eine Herde besonders, und sprach zu ihnen: ‚Gehet vor mir hin und lasset Raum zwischen einer Herde nach der andern‘, und gebot dem ersten und sprach: ‚Wenn dir mein Bruder Esau begegnet und dich fragt: Wem gehörst du an, und wo willst du hin, und wes ist's, was du vor dir treibst? sollst du sagen: Es gehört deinem Knechte Jakob zu, der sendet Geschenk seinem Herrn Esau und zieht hinter uns her.‘ Also gebot er auch dem andern und dem dritten und allen, die den Herden nachgingen, und sprach: ‚Wie ich euch gesagt habe, so sagt zu Esau, wenn ihr ihm begegnet; und sagt ja auch: Siehe, dein Knecht Jakob ist hinter uns.‘ Denn er gedachte: ‚Ich will ihn versöhnen mit dem Geschenk, das vor mir her geht; darnach will ich ihn sehen, vielleicht wird er mich annehmen.‘"

Am nächsten Morgen begegneten sich die Brüder tatsächlich (1. Mose 33):

„Jakob hob seine Augen auf und sah seinen Bruder Esau kommen mit vierhundert Mann. Und er teilte seine Kinder zu Lea und Rahel und zu den beiden Mägden und stellte die Mägde mit ihren Kindern vornean und Lea mit ihren Kindern hernach und Rahel mit Joseph zuletzt. Und er ging vor ihnen her und neigte sich siebenmal auf die Erde, bis er zu seinem Bruder kam. Esau aber lief ihm entgegen und herzte ihn und fiel ihm um den Hals und küsste ihn; und sie weinten.

Und er hob seine Augen auf und sah die Weiber mit den Kindern und sprach: ,Wer sind diese bei dir?' Er antwortete: ,Es sind Kinder, die Gott deinem Knecht beschert hat.' Und die Mägde traten herzu mit ihren Kindern und neigten sich vor ihm. Lea trat auch herzu mit ihren Kindern und neigte sich vor ihm. Darnach trat Joseph und Rahel herzu und neigten sich auch vor ihm.

Und er sprach: ,Was willst du mit all dem Heere, dem ich begegnet bin?' Er antwortete: ,Dass ich Gnade fände vor meinem Herrn.' Esau sprach: ,Ich habe genug, mein Bruder; behalte was du hast.' Jakob antwortete: ,Ach, nicht! Habe ich Gnade gefunden vor dir, so nimm mein Geschenk von meiner Hand; denn ich sah dein Angesicht, als sähe ich Gottes Angesicht; und lass dir's wohl gefallen von mir. Nimm doch den Segen von mir an, den ich dir zugebracht habe; denn Gott hat mir's beschert, und ich habe alles genug.' Also nötigte er ihn, dass er's nahm.

Und er (Esau) sprach: ,Lass uns fortziehen und reisen, ich will mit dir ziehen.' Er aber (Jakob) sprach zu ihm: ,Mein Herr, du erkennest, dass ich zarte Kinder bei mir habe, dazu säugende Schafe und Kühe; wenn sie einen Tag übertrieben würden, würde mir die ganze Herde sterben. Mein Herr ziehe vor seinem Knechte hin. Ich will gemächlich hintennach treiben, je nachdem wie das Vieh und die Kinder gehen können, bis dass ich komme zu meinem Herrn nach Seir.' Esau sprach: ,So will ich doch etliche bei dir lassen vom Volk, das mit mir ist.' Er antwortete: ,Was ist's vonnöten? Lass mich nur Gnade vor meinem Herrn finden.' Also zog des Tages Esau wiederum seines Weges gen Seir.''

Herzergreifend – Tränen der Freude, vielleicht sogar ein Happy End? Beide Brüder hatten Größe gezeigt: Jakob hatte sich Esau unterworfen und Esau hatte ihm verziehen. So kam es zur Versöhnung. Im Grunde hatte sich ja nicht so viel zwischen ihnen geändert. Die soziale Stellung Esaus war immer noch über der Jakobs. Lediglich war nun klar, dass es Jakobs Linie war, aus der der Messias hervorgehen würde. Das musste dann so vorherbestimmt gewesen sein. Esau und Jakob werden erkannt haben, dass die Ereignisse Gottes Wille waren. Jakob war der Gesegnete und bot Esau wiederum seinen Segen an. Das konnte Esau akzeptieren. Er musste nicht Vorfahr des Messias sein, er begnügte sich mit seinem Leben, mit dem er zufrieden sein konnte. Er sah den gestohlenen Segen als ein Geschenk Gottes an seinen letztlich doch geliebten Bruder Jakob an, das er nun neidlos mitansehen konnte, da es für jenen bestimmt gewesen sein musste und nur scheinbar ihm selbst weggenommen worden war. Er sah in der Segnung Jakobs keinen Nachteil mehr für sich selbst. Er wusste nicht, dass Gott ihn hasste, wenn es überhaupt immer noch so war.

Jakob war in die Begegnung viel berechnender hineingegangen als Esau, wollte seinen Tross aufteilen, um notfalls wenigstens einen Teil zu retten, stellte die Mägde mit ihren Kindern nach vorn, dahinter seine erste Frau Lea mit ihren Kindern und seine Lieblingsfrau Rahel mit Josef nach hinten, um ihnen, wenn das Treffen schiefginge, die Flucht zu ermöglichen. Fehlte nur noch ein Sniper zur Sicherheit.

Es war eine Versöhnung, sicher, und doch wurde Esaus Herzlichkeit nicht ehrlich erwidert. Jakob sprach ihn weiterhin mit „mein Herr" an, ehrerbietig zwar, aber mit einer gewissen Distanz. Auch nahm er das Angebot Esaus, gemeinsam weiterzuziehen, nicht an. Er schob Gründe vor, um den Bruder auf keinen Fall zu kränken. Esau wollte wenigstens einige seiner Leute bei Jakob lassen, aber der lehnte auch das ab: Er wollte nur Gnade vor Esau finden, mehr nicht. Jakob war wohl der Besonnenere von den beiden. Er wusste, dass sein Betrug irreparabel war, er hatte zu Recht immer noch ein schlechtes Gewissen. Als einer, der stets auf seinen Vorteil geachtet hatte, hegte er ein grundsätzliches Misstrauen gegenüber anderen. Es war die Unfähigkeit des Betrügers, dem Frieden zu trauen. Er behielt Unterwürfigkeit bei, als schon Herzlichkeit gefragt war. Jakob kam zu dem Treffen, weil er musste, Esau, weil er wollte. Wie dem auch sei, hier traf Herzlichkeit auf Verschlagenheit und Reserviertheit. Jakob machte auch in dieser Szene nicht gerade einen sympathischen Eindruck.

Nein, was erreicht wurde, war keine allgemeine Harmonie, aber ein Modus Vivendi. Esau zog zurück ins Seir-Gebirge, Jakob ging weiter nach Sukkot. Sie blieben jedoch in Kontakt, wenn auch aus der Distanz. Als ihr Vater Isaak im Alter von 180 Jahren verstarb, begruben sie ihn zusammen. Danach kehrten beide zu ihren getrennten Wohnsitzen zurück. Die Brüder schienen ihren Frieden gemacht zu haben.

Wer wusste was?

Jakobs Verrat an Vater und Bruder war an Hinterhältigkeit kaum zu überbieten. Kein Zweifel, Jakob war der Schurke in diesem Drama. So sind unsere moralischen Maßstäbe. Was aber, wenn Jakob in Gottes Auftrag gehandelt hätte? Setzt Gott nicht die Maßstäbe? Wusste Jakob, dass seine Tat Gottes Wille war? Davon steht nichts in der Bibel. Allerdings hatte seine Mutter Rebekka ihn angestiftet. Und sie war von Gott informiert. Vielleicht hatte sie ihm die Sache mit dem Hinweis auf Gott schmackhaft gemacht. Dann hätte Jakob gewusst, dass Gott ihn liebte. Dann hätte er sich von Gott beauftragt gefühlt haben können. Das hätte seine Schuld gemindert, aber ihn nicht freigesprochen. Jeder Mensch trägt unabhängig von Aufträgen und Umständen selbst die volle Verantwortung für sein Tun.

Wusste Esau, dass Gott ihn hasste? Sicher nicht. Er wäre zusammengebrochen. Das hält keiner aus. Aber so war es nicht. Er hat seinen Bruder verantwortlich gemacht, nicht einmal vom Verrat seiner Mutter wusste er.

Wenn Esau nicht gewusst hat, dass Gott ihn hasste, mag es sein, dass er in seiner Unwissenheit zu Gott betete, dass er ihm helfen möge, dass er die Sache mit dem Segen in Ordnung bringen möge. Er würde dann Gott gebeten haben, das rückgängig zu machen, was ja doch sein (Gottes) Wille und Werk war. So ein Gebet wäre natürlich völlig sinnlos gewesen. Aber ein Gebet ist doch nie sinnlos. Das ist widersprüchlich. Um diesen Widerspruch zu verhindern, hätte Gott Esaus objektive Gottferne mit einer subjektiven Gottferne kombiniert haben können. Er hätte Esau so geschaffen haben können, dass er gar nicht das Bedürfnis nach Gottnähe hatte, dass er nicht einer war, der bei Problemen zu Gott betete. Den Eindruck gewinnt man fast. Im Gegensatz zu Jakob scheint Esau nie Rücksprache mit Gott gehalten zu haben. Jedenfalls wird nichts darüber berichtet. Wir haben also einen anständigen Menschen, der nicht betete, und einen Betrüger, der betete. Von diesen beiden hat Gott den Letzteren auserwählt. Nach dem ersten Erstaunen muss man es akzeptieren und kann lernen, wie wichtig das Gebet ist. Allerdings: Jakob betete nicht nur zu Gott, Gott nahm auch Kontakt zu Jakob auf, und zwar öfter. Es war beinahe ein Vater-Sohn-Verhältnis. War Gott eine Art Ersatzvater für Jakob? Esau hatte in dieser Hinsicht nie eine Chance. Dafür hatte er das bessere Verhältnis zu seinem leiblichen Vater.

Wussten die Mitmenschen, die soziale Umgebung der Brüder, von der Geschichte mit dem Linsengericht und von dem Betrug mit dem Erstgeburtssegen? Wenn Jakob die Stellung des Erstgeborenen offiziell hätte einnehmen wollen, hätten alle anderen es wissen müssen. Sie hätten doch aber wohl kaum zugestimmt. Das Argument, es wäre Gottes Wille gewesen, hätte ohne Beweis nicht gezogen. Wahrscheinlicher ist, dass beide die Sache mit dem Mantel des Schweigens bedeckten.

Aus gewissen Spitzen könnte man dennoch die Vermutung nähren, dass sich die Geschichte möglicherweise unter der Hand verbreitet hatte. Der Betrüger Jakob war nämlich nach seiner Flucht selbst betrogen worden. Er hatte bei Laban sieben Jahre gedient, um dessen Tochter Rahel heiraten zu dürfen, bekam aber statt ihrer ihre ältere Schwester Lea zu Frau und musste um Rahel abermals sieben Jahre dienen. Labans süffisanter Kommentar auf Jakobs Beschwerde war (1. Mose 29):

„Es ist nicht Sitte in unserm Lande, dass man die Jüngere ausgebe vor der Älteren."

War das eine Anspielung auf Jakobs Betrug mit dem Erstgeburtssegen? Jakob erwiderte nichts mehr darauf.

Offen ausgesprochen wurde die Geschichte offenbar nicht. Sie war ja auch peinlich für die ganze Familie. Und wozu hätte man sie verbreiten sollen? Esau ignorierte sie einfach. Und für Gott und für Jakob zählte letztlich nur die Tatsache des Segens, nicht seine Auswirkungen auf die Alltagswelt. Ihnen ging es um Jakobs Platz in der Weltgeschichte. Und in der Weltgeschichte finden sich viele, die es nicht verdient hätten.

War das wirklich notwendig?

Gott zerstörte die Bindung zwischen den Brüdern mindestens für zwanzig Jahre, wenn sie nicht sogar für immer gestört war. Das Zerstören menschlicher Bindungen ist ein beliebter Mechanismus bei der sozialen Bestrafung. So sieht es auch hier auf den ersten Blick aus. Aber wofür hätte Esau bestraft werden sollen? Das kann es nicht sein. Die Zerstörung von Bindungen ist aber auch ein Mittel der sozialen Auseinandersetzung. Das könnte schon eher passen. Es ging darum, Esau eine bestimmte Stellung zuzuweisen, ein Ziel zu erreichen. War das wirklich notwendig? Solche Mittel werden oft leichtfertig eingesetzt. Auch von Gott? Man muss bedenken, dass letztlich durch die Zerstörung der Bindung beide gestraft wurden, Esau und Jakob. Dann hätte Gott jedoch auch Jakob getroffen, den er doch angeblich liebte. Wahrscheinlich ist, dass er die Zerstörung der Bruderbindung lediglich als Kollateralschaden ansah, den er für die Erreichung seiner Ziele in Kauf zu nehmen bereit war. (Ähnliches kennt man von der Tötung der Erstgeborenen in Ägypten.) Auch das ist unbefriedigend. Die Frage bleibt offen.

Gott hat nur getan, was notwendig war. Er hat seinen Hass kontrolliert und nur in dem Maß eingegriffen, wie es nötig war, um das zu bewirken, was er bewirken wollte. Man würde das weniger als Hass bezeichnen, denn als Politik. Er hat nur sein Ziel verfolgt, Jesu Abstammung als die gesegnete hinzustellen.

Selbst diese Notwendigkeit kann indes angezweifelt werden. Der Segen legt ja eigentlich nur die Abstammungslinie Josefs fest. Wegen der Jungfrauengeburt stammt aber Jesus gar nicht genetisch von Josef ab, sondern wurde vom Heiligen Geist empfangen. Das musste bekanntlich so sein, weil Jesus als „zweiter Adam" ein vollkommener Mensch sein musste, also kein Erbgut enthalten durfte, das mit der Erbschuld befleckt war. Das traf auf Marias Erbgut zu, nicht aber auf Josefs.

Allerdings wurde an anderer Stelle von Paulus erwähnt, Jesus würde vom Samen Davids abstammen (Römer 1, 3):

„Paulus, ein Knecht Jesu Christi, berufen zum Apostel, ausgesondert, zu predigen das Evangelium Gottes, welches er zuvor verheißen hat durch seine Propheten in der heiligen Schrift, von seinem Sohn, der geboren ist von dem Samen Davids nach dem Fleisch und kräftig erwiesen als ein Sohn Gottes nach dem Geist, der da heiligt, seit der Zeit, da er auferstanden ist von den Toten, Jesus Christus, unser HERR, durch welchen wir haben empfangen Gnade und Apostelamt, unter allen Heiden den Gehorsam des Glaubens aufzurichten unter seinem Namen, unter welchen ihr auch seid, die da berufen sind von Jesu Christo, allen, die zu Rom sind, den Liebsten Gottes und berufenen Heiligen: Gnade sei mit euch und Friede von Gott, unserm Vater, und dem HERRN Jesus Christus!"

Danach müsste sich Jesu genetische Abstammung bis auf König David zurückverfolgen lassen. Paulus stützte sich dabei auf eine Prophezeiung, die Nathan von Gott an König David ausrichten sollte (2. Samuel 7, 13):

„Wenn nun deine Zeit hin ist, dass du mit deinen Vätern schlafen liegst, will ich deinen Samen nach dir erwecken, der von deinem Leibe kommen soll; dem will ich sein Reich bestätigen. Der soll meinem Namen ein Haus bauen, und ich will den Stuhl seines Königreichs bestätigen ewiglich. Ich will sein Vater sein, und er soll mein Sohn sein."

Zwar stammte Jesus im wörtlichen Sinn nicht aus dem Samen Davids, aber die Annahme Jesu durch Josef an Sohnes statt genügte wohl zu jener Zeit, um sagen zu können, Jesus gehörte zum Hause Davids. Das spräche wieder dafür, dass die Aktion notwendig gewesen wäre.

Gott hasste Esau, aber zerstörte ihn nicht. Warum? Das war nicht notwendig, nicht einmal erwünscht. Esau musste in diesem Leben der Erste bleiben, um im Jenseits der Letzte zu sein; denn es gilt (Matthäus 19, 30).

„Aber viele, die die Ersten sind, werden die Letzten und die Letzten werden die Ersten sein."

Das könnte erklären, warum Gott Esau, obwohl er ihn gehasst hat, nicht gänzlich in den Staub getreten hat.

So versteht man, dass Esau noch relativ gut davonkam. Auch er wurde gesegnet, einmal notdürftig von Isaak und dann noch einmal von Jakob. Er erlitt keinen weiteren Schaden, als dass ihm der eigentliche Segen entging, dass er nicht zu den Auserwählten gehörte. Auch die Unterordnung unter den jüngeren Bruder fand nicht statt. (Übrigens im Widerspruch zur Prophezeiung.)

Alles wäre nicht notwendig gewesen, wenn Gott bei der Geburt der Zwillinge gleich die Reihenfolge vertauscht hätte. Ein Fehler? Hat er Esau als die Personifikation dieses Fehlers gehasst? Gott macht keine Fehler. Es muss eine gewollte Komplikation in der langen Geschichte der Israeliten gewesen sein. Wir können zunächst nicht verstehen, wozu das notwendig gewesen sein soll, können aber darauf vertrauen, dass es einen tieferen Grund gegeben haben muss. (Den trivialen der Geschichtsklitterung lassen wir vorerst noch aus.) Hätte es andere Wege gegeben, Gottes Ziele zu erreichen, so hätten sie vielleicht zu anderen, nicht vorhersehbaren Schwierigkeiten geführt. Leibniz würde sagen, der gegangene Weg sei immer noch der beste aller möglichen gewesen.

Unrechtmäßiger Segen und Schuld

Kann man überhaupt zu Unrecht gesegnet werden, ohne schuldig zu werden? Da sei einmal wild spekuliert. Im vorliegenden Szenario machte sich Jakob schuldig an Vater und Bruder. Wie wäre es gewesen, wenn Jakob den Vater erpresst hätte, z.B. mit der Drohung, im Falle der Verweigerung des Segens Esau zu ermorden. Es wäre immer noch verwerflich gewesen (Erpressung des Vaters, Betrug am Bruder). Aber wie, wenn irgendwelche Feinde Esaus den Vater zum falschen Segen erpresst hätten? Absurd – der Vater wäre gegen die Feinde vorgegangen. Aber angenommen, der Vater wäre auf die Erpressung eingegangen – er war alt und schwach –, dann wäre Jakob unschuldig gewesen bis zu dem Zeitpunkt, wo er merkte, dass er einen Segen erhielt, der Esau gebührte. Ab dem Zeitpunkt, wäre er, wenn er nicht widersprochen hätte, wiederum schuldig geworden. Er hätte zwar bei einer Verweigerung eventuell die Drohung der Erpresser, was immer es sein mochte, nicht verhindert, aber was diese getan hätten, hätten sie getan und nicht Jakob. Schuldmäßig wäre er besser gefahren. Wenn er sich nicht hätte segnen lassen, wäre er unschuldig geblieben. Bei einem unrechtmäßig erhaltenen Segen gibt es keinen Ausweg: Der zu Unrecht Gesegnete macht sich schuldig.

Wenn aber in diesem Szenario Jakob aus Liebe zu seinem Bruder, um ihn zu retten, die Schuld auf sich geladen hätte, hätte Esau es ihm übelnehmen können? Wohl kaum. Er hätte, wie er es später auch tat, seinem Bruder den Segen gegönnt. Was ihn in der biblischen Geschichte auf die Palme gebracht hatte, war ja eher die Anmaßung Jakobs, seinen, Esaus, Platz als Erstgeborener einnehmen zu wollen. Dazu ist es später gar nicht gekommen. Esau behielt seinen Platz, Jakob blieb der Gesegnete. Nur war es Letzterem eigentlich gegangen. Nein, ohne Schuld wäre er auch in dem hier konstruierten Szenario nicht geblieben, aber es wäre wahrscheinlich nie zum Streit gekommen.

Noch eine Spekulation: Was, wenn Jakob neben dem Segen auch Esaus soziale Stellung als Erstgeborener beansprucht hätte (was eigentlich nach damaligem Recht nicht möglich gewesen wäre)? Es hätte nicht funktioniert. Bei umstrittener sozialer Rangfolge wäre das Zusammenleben schwierig gewesen, wenn nicht unmöglich. Der Streit wäre auch nach 20 Jahren nicht beendet gewesen. Die Wunde wäre offen geblieben. Aber so war es ja glücklicherweise nicht. Jakob ordnete sich Esau unter, der verzieh ihm und die beiden vertrugen sich wieder.

Die weitere Entwicklung

Aus Esaus Linie entstanden die Volksstämme der Edomiter (nach Esaus Beinamen Edom) und der Amalekiter (nach Amalek, einem Enkel Esaus). Seine Nachkommenschaft war zahlreich (1. Mose 36):

„Das ist das Geschlecht Esaus, der da heißt Edom. Esau nahm Weiber von den Töchtern Kanaans: Ada, die Tochter Elons, des Hethiters, und Oholibama, die Tochter des Ana, die Enkelin des Zibeons, des Heviters, und Basmath, Ismaels Tochter, Nebajoths Schwester. Und Ada gebar dem Esau Eliphas, aber Basmath gebar Reguel. Oholibama gebar Jehus, Jaelam und Korah. Das sind Esaus Kinder, die ihm geboren sind im Lande Kanaan.

Und Esau nahm seine Weiber, Söhne und Töchter und alle Seelen seines Hauses, seine Habe und alles Vieh mit allen Gütern, so er im Lande Kanaan erworben hatte, und zog in ein ander Land, hinweg von seinem Bruder Jakob. Denn ihre Habe war zu groß, dass sie nicht konnten beieinander wohnen; und das Land, darin sie Fremdlinge waren, vermochte sie nicht zu ertragen vor der Menge ihres Viehs. Also wohnte Esau auf dem Gebirge Seir. Und Esau ist der Edom.

Dies ist das Geschlecht Esaus, von dem die Edomiter herkommen, auf dem Gebirge Seir. Und so heißen die Kinder Esaus: Eliphas, der Sohn Adas, Esaus Weibes; Reguel, der Sohn Basmaths, Esaus Weibes. Des Eliphas Söhne aber waren diese:

Theman, Omar, Zepho, Gaetham und Kenas. Und Thimna war ein Kebsweib des Eliphas, Esaus Sohnes; die gebar ihm Amalek. Das sind die Kinder von Ada, Esaus Weib. Die Kinder aber Reguels sind diese: Nahath, Serah, Samma, Missa. Das sind die Kinder von Basmath, Esaus Weib. Die Kinder aber von Oholibama, Esaus Weib, der Tochter des Ana, der Enkelin Zibeons, sind diese, die sie dem Esau gebar: Jehus, Jaelam und Korah.

Das sind die Fürsten unter den Kindern Esaus. Die Kinder des Eliphas, des ersten Sohnes Esaus: der Fürst Theman, der Fürst Omar, der Fürst Zepho, der Fürst Kenas, der Fürst Korah, der Fürst Gaetham, der Fürst Amalek. Das sind die Fürsten von Eliphas im Lande Edom und sind Kinder der Ada. Und das sind die Kinder Reguels, Esaus Sohnes: der Fürst Nahath, der Fürst Serah, der Fürst Samma, der Fürst Missa. Das sind die Fürsten von Reguel im Lande der Edomiter und sind Kinder von der Basmath, Esaus Weib. Das sind die Kinder Oholibamas, Esaus Weibes: der Fürst Jehus, der Fürst Jaelam, der Fürst Korah. Das sind die Fürsten von Oholibama, der Tochter des Ana, Esaus Weib. Das sind die Kinder und ihre Fürsten. Er ist der Edom.

Die Kinder aber von Seir, dem Horiter, die im Lande wohnten, sind diese: Lotan, Sobal, Zibeon, Ana, Dison, Ezer und Disan. Das sind die Fürsten der Horiter, Kinder des Seir, im Lande Edom. Aber des Lotan Kinder waren diese: Hori, Heman; und Lotans Schwester hieß Thimna. Die Kinder von Sobal waren diese: Alwan, Manahath, Ebal, Sepho und Onam. Die Kinder von Zibeon waren diese: Aja und Ana. Das ist der Ana, der in der Wüste die warmen Quellen fand, da er seines Vaters Zibeon Esel hütete. Die Kinder aber Anas waren: Dison und Oholibama, das ist die Tochter Anas. Die Kinder Disons waren: Hemdan, Esban, Jethran und Cheran. Die Kinder Ezers waren: Bilhan, Sawan und Akan. Die Kinder Disans waren: Uz und

Aran.

Dies sind die Fürsten der Horiter: der Fürst Lotan, der Fürst Sobal, der Fürst Zibeon, der Fürst Ana, der Fürst Dison, der Fürst Ezer, der Fürst Disan. Das sind die Fürsten der Horiter, die regiert haben im Lande Seir.

Die Könige aber, die im Lande Edom regiert haben, ehe denn die Kinder Israels Könige hatten, sind diese: Bela war König in Edom, ein Sohn Beors, und seine Stadt hieß Dinhaba. Und da Bela starb, ward König an seiner Statt Jobab, ein Sohn Serahs von Bozra. Da Jobab starb, ward an seiner Statt König Husam aus der Themaniter Lande. Da Husam starb, ward König an seiner Statt Hadad, ein Sohn Bedads, der die Midianiter schlug auf der Moabiter Felde; und seine Stadt hieß Awith. Da Hadad starb, regierte Samla von Masrek. Da Samla starb, ward Saul König, von Rehoboth am Strom. Da Saul starb, ward an seiner Statt König Baal-Hanan, der Sohn Achbors. Da Baal-Hanan, Achbors Sohn, starb, ward an seiner Statt König Hadar; und seine Stadt hieß Pagu, und sein Weib Mehetabeel, eine Tochter Matreds, die Mesahabs Tochter war.

Also heißen die Fürsten von Esau in ihren Geschlechtern, Örtern und Namen: der Fürst Thimna, der Fürst Alwa, der Fürst Jetheth, der Fürst Oholibama, der Fürst Ela, der Fürst Pinon, der Fürst Kenas, der Fürst Theman, der Fürst Mibzar, der Fürst Magdiel, der Fürst Iram. Das sind die Fürsten in E-dom, wie sie gewohnt haben in ihrem Erblande. Das ist Esau, der Vater der Edomiter."

Das sah zunächst ganz gut aus. Aber es sollte sich ändern. Es gab Konflikte mit den Nachkommen Jakobs.

Aus Jakobs zwölf Söhnen entstammten die zwölf Stämme Israels. Den Ehrennamen Israel („der gegen Gott kämpft") hatte Jakob von Gott selbst erhalten. Er hatte nämlich in der Nacht vor der Versöhnung mit Esau mit Gott gekämpft (unglaublich – das soll einer sein, der vor seinem Bruder Angst hatte) und hatte ihn angeblich erst entlassen wollen, nachdem der ihn gesegnet hätte. Auch das ist kaum zu glauben, aber laut 1. Mose 32, 29 sagte Gott selbst zu ihm:

„Du sollst nicht mehr Jakob heißen, sondern Israel; denn du hast mit Gott und mit Menschen gekämpft und bist Sieger geblieben."

Da sträuben sich einem ja die Nackenhaare. Ein Mensch kann doch nicht ernsthaft mit Gott kämpfen und bestehen, gar siegen. Das ist Hybris! Wir haben nur Jakobs Wort. Man erinnert sich („Bist du mein Sohn Esau?" – „Ja, ich bin's"). Er könnte auch schlecht geträumt haben.

Die andere Möglichkeit wäre, dass sie eben nicht ernsthaft gekämpft hätten. Vielleicht hatte Gott mit ihm gespielt. Etwa wie ein Vater, der seinen kleinen Sohn ermutigt: „Komm, versuch doch mal, ob du stärker bist als ich!" So könnte man den Vorfall verstehen. Es wäre ein weiterer Gunstbeweis Gottes gegenüber Jakob. Wohl auch eine Ermutigung für das Treffen am nächsten Tag. Gegen ein Spiel spräche wiederum 1. Mose 32, 26:

„Und da er sah, dass er ihn nicht zu überwinden vermochte, rührte er das Gelenk seiner Hüfte an; und das Gelenk der Hüfte Jakobs ward über dem Ringen mit ihm verrenkt."

Gott musste, da er Jakob physisch nicht überwinden konnte, seine göttliche Macht einsetzen. Das würde eine Beschränktheit der physischen Kraft Gottes bedeuten. Abermals nicht glaubhaft. Möglich wäre, dass Gott nur so getan hat, als ob er Jakob nicht überwinden könnte, und Jakob das für bare Münze genommen hat. Dem steht entgegen, dass der Erzähler, der sich seiner Sache sicher ist, im Realis spricht und klar die Unfähigkeit Gottes, Jakob zu überwinden, benennt.

Die Vulgata-Übersetzung versucht, die Stelle zu entschärfen, ihr einen anderen Sinn zu geben:

„At ille nequaquam inquit Iacob appellabitur nomen tuum sed Israhel quoniam si contra Deum fortis fuisti quanto magis contra homines praevalebis"

„Aber jener sagte: ‚Keineswegs wird (künftig) dein Name Jakob genannt werden, sondern Israel; denn wenn du gegen Gott stark gewesen bist, um wieviel mehr wirst du gegen Menschen die Überhand haben.'"

Diese sehr frei übersetzte Version konnte sich jedoch nicht durchsetzen.

Eine andere Erklärungsmöglichkeit der unmöglichen Situation ergibt sich aus Hosea 12, 4, wo es von Jakob heißt:

„Er hat im Mutterleibe seinen Bruder an der Ferse gehalten, und in seiner Kraft hat er mit Gott gekämpft. Er kämpfte mit dem Engel und siegte, denn er (der Engel) weinte und bat ihn."

In diesem Text wird einerseits gesagt, Jakob habe mit Gott gekämpft, im gleichen Atemzug, er habe mit einem Engel gekämpft. Wenn es nun tatsächlich nur ein Engel gewesen sein sollte, wäre das Wunder nicht ganz so groß, als wenn Jakob mit Gott gekämpft hätte. Aber es bleibt erstaunlich.

Jedenfalls muss Jakob zu diesem Zeitpunkt noch immer von einem krankhaften Zwang besessen gewesen sein, sich segnen zu lassen, krankhaft wegen der Mittel, die er anzuwenden bereit war. Man könnte von Eulogiaphilie sprechen. Wenn es tatsächlich krankhaft gewesen wäre, würde das Jakob wiederum teilweise entschuldigen. Wie dem auch sei, er wurde der Stammvater der Israeliten und deswegen muss man ihn respektieren.

Die Edomiter wurden später von den Israeliten unter König David unterworfen, konnten dieses Joch aber abschütteln und bildeten 850 v. Chr. einen eigenen Staat, das Königreich Edom. Auseinandersetzungen mit den Israeliten gab es fortwährend. Diese wurden immer wieder von Prophezeiungen des Unterganges Edoms begleitet, so z.B. Hesekiel 25, 12:

„So spricht der HERR: ‚Darum dass sich Edom am Hause Juda gerächt hat und sich verschuldet mit seinem Rächen, darum‘, spricht der HERR also: ‚Ich will meine Hand ausstrecken über Edom und will ausrotten von ihm Menschen und Vieh und will es wüst machen von Theman bis gen Dedan und durchs Schwert fällen; und will mich an Edom rächen durch mein Volk Israel, und sie sollen mit Edom umgehen nach meinem Zorn und Grimm, dass sie meine Rache erfahren sollen, spricht der HERR.‘"

Das zeigt die tiefe Feindschaft zwischen beiden Stämmen. Bei solchen Äußerungen in der Bibel scheint es, dass der Ausdruck „Hass" für Gottes Gefühl Esau und den Edomitern gegenüber kein Missverständnis war, sondern die tatsächlich geglaubte Situation ausdrückte.

Im Lauf der Zeit gerieten die Edomiter dann nacheinander unter assyrischen, babylonischen und persischen Einfluss. Noch später schufen die Nabatäer die wunderbare Felsenstadt Petra auf dem Gebiet des Königreiches Edom. Daher gibt es Spekulationen, dass die Nabatäer eventuell Nachkommen der Edomiter waren oder sich mit ihnen vermischt haben könnten. Es gibt auch die Möglichkeit, dass die Nabatäer ein bis dahin unbekanntes Volk waren, das aus der Wüste kam und die Edomiter verdrängte. In dem Fall verlöre sich die Spur der Edomiter.

Die Amalekiter wurden von den Israeliten zunächst unter König Saul besiegt, dann unter König David unterworfen und schließlich unter König Hiskia völlig ausgerottet. Auch bei dieser Vorgehensweise hatten die Israeliten den Segen Gottes (1. Samuel 15, 2-3):

„So spricht der HERR Zebaoth: Ich habe bedacht, was Amalek Israel tat und wie er ihm den Weg verlegte, da er aus Ägypten zog. So zieh nun hin und schlage die Amalekiter und verbanne sie mit allem, was sie haben; schone ihrer nicht, sondern töte Mann und Weib, Kinder und Säuglinge, Ochsen und Schafe, Kamele und Esel!"

Selbst Frauen und Kinder sollten nicht verschont werden, und so war es dann wohl auch, wie die Geschichte gezeigt hat. Die Israeliten löschten die Amalekiter aus. Ein Genozid auf Befehl Gottes.

Der Hass Gottes

Gott hasste nicht nur Esau, sondern auch alle seine Nachkommen und schreckte selbst vor einem Genozid nicht zurück. Alle sollten vernichtet werden, keine Spur mehr von ihnen bleiben. Das könnte gelungen sein. Das also ist der Hass Gottes. Er straft nicht, er vernichtet ohne Grund. Es gab ja auch nichts zu bestrafen. Das ganze Ausmaß dieses Hasses wird erst bei Esaus Nachkommen sichtbar. Er traf Esau selbst noch nicht mit voller Härte. Eine Vermutung war, dass er ihn verschonte, um seine Rolle im Jenseits zu bestimmen. Andererseits gilt zu bedenken: Wenn Gott Esau vernichtet hätte, hätte er sich um seine Nachfahren nicht mehr zu kümmern brauchen. Wieder ist die Handlungsweise Gottes nicht sofort verständlich. Sie würde es werden, wenn man die Geschichte a posteriori betrachtete. Wenn man sie von einer Zeit aus betrachtet, wo es die Edomiter und Amalekiter eben schon gab und man gerne ihre Verworfenheit erklären wollte, wo man ihre Ausrottung zu rechtfertigen versuchte. Auf diesen Aspekt werde ich noch zurückkommen.

Für den Augenblick möchte ich aber noch beim Hass Gottes bleiben. Im Alten Testament werden Gott öfter menschliche Eigenschaften zugesprochen, manchmal allzu menschliche, manchmal sogar unmenschliche (Eifersucht, Zorn, Hass, Ungerechtigkeit, ja, um die Israeliten aus Ägypten zu befreien, schreckte er selbst vor der Tötung unschuldiger Kinder nicht zurück). Auch tritt Gott zu der Zeit manchmal in direkten Kontakt mit den Menschen. Das ändert sich. Im Neuen Testament tritt er meist nur in einem Teilaspekt, nämlich als sein Sohn, in

Kontakt mit den Menschen. Gleichzeitig wandeln sich seine Eigenschaften zu denen eines gerechten, ja gütigen Gottes. Es ist dieses spätere Gottesbild, zu dem wir heute im Christentum mehrheitlich neigen, und wir werden immer wieder überrascht, wenn wir uns mit dem früheren Gottesbild beschäftigen. Wenn es auch der Gott des Alten Testaments ist, von dem der Hass berichtet wird, so stammen doch die beiden Stellen, an denen explizit das Wort „hassen" in Bezug auf Esau auftaucht, aus dem Neuen Testament. Das legt nahe, dass man auch zu der Zeit noch bereit war, Gott diese Eigenschaft zuzusprechen. Es steht also im Neuen Testament geschrieben, dass Gott einen Menschen gehasst hat. Nur einen Menschen?

Wenn man Augustinus' Argumentation folgt, war Esau deshalb fern von Gott, weil er die Erbschuld trug. Diese Gottferne äußerte sich, so jedenfalls die Bibel, in einem Gefühl des Hasses Gottes Esau gegenüber. Wenn aber die Erbschuld der einzige Grund für diesen Hass war, so wäre es ja in Augustinus' Lehre, dann müsste Gott alle Menschen damals gehasst haben (bis auf wenige Auserwählte), weil alle die Erbschuld trugen. Das ist hart. Man fragt sich sofort: Trifft das auch uns? Nein, wir wurden davon befreit, weil wir von der Erbschuld befreit wurden. Das ist eine der zentralen Botschaften des christlichen Glaubens.

Der Gott des Neuen Testaments ist nämlich nicht mehr hasserfüllt. Im Gegenteil: Aus Liebe zur gesamten Menschheit hat er seinen Sohn auf die Welt geschickt, um sie durch dessen Opfertod von der Erbschuld zu erlösen. Das heißt, ab diesem Zeitpunkt war kein Mensch mehr verworfen. Jeder Mensch ist der allumfassenden Liebe Gottes anteilig geworden. Das ist mehr als eine selektiv gewährte Gnade. Diese Liebe umfasst alle Menschen.

Das bedeutet, dass Esaus Schicksal, von Gott gehasst zu werden, uns heutigen Menschen erspart bleiben sollte. Dafür ist Jesus am Kreuz gestorben. Den Hass Gottes gibt es nicht mehr. Auch der damalige Sinn der Aktion, den Erstgeburtssegen zu manipulieren, um die zu Jesus führende Linie zu definieren, ist nach Jesu Geburt hinfällig geworden. Jetzt ist alles gut. Man könnte sogar so weit gehen zu behaupten, dass der anfängliche Hass nur die Vorbereitung auf die spätere Erlösung davon durch den Messias dargestellt hat. Ähnliches klang schon im Römerbrief an.

Die Coincidentia Oppositorum

Esau war irgendwann gestorben. Was wurde dann aus dem Hass Gottes? Mit seinem Tod trat Esaus Seele aus der Zeit heraus. War der Hass Gottes ein zeitliches Phänomen? Vielleicht: Der Hass war ja ein anthropomorpher Zug, daher der Zeit unterworfen. Die Sache mit dem Segen war Vergangenheit, das war vorbei, war zu Gottes Zufriedenheit erledigt. Es gab keinen Grund mehr, Esau zu hassen. Natürlich braucht Hass nicht unbedingt einen Grund, aber ein gänzlich unbegründeter, blinder Hass ist nun noch weniger als eine Eigenschaft Gottes denkbar. Irgendwann wird Gott Esau, bzw. das, was er dann war, geliebt haben, spätestens nach Jesu Opfertod, als die Erbschuld getilgt war.

Andererseits ist Gott überzeitlich. Wie lässt sich dann seine spätere Liebe mit seinem früheren Hass vereinen? Beides müssen zeitlose Eigenschaften Gottes sein. Hier muss man zwischen Gott und den Menschen unterscheiden. Bei Menschen tritt nur in seltenen Einzelfällen die Hassliebe auf (Catull: „Odi et amo"). Im Allgemeinen schließen sich Hass und Liebe aber aus, bilden ein gegensätzliches Begriffspaar. Die Lösung liegt nun gerade darin, dass es sich nicht um einen Menschen, sondern um Gott handelt. Und in Gott können sich die Gegensätze vereinen.

Dies ist ein Beispiel der berühmten von Nikolaus Cusanus propagierten Coincidentia Oppositorum, dem Zusammenfall der Gegensätze in Gott. Es ist die merkwürde Erscheinung, dass Begriffe, die wir mit dem Verstand als Gegensätze erfassen, von der Vernunft als auf einer höheren Ebene, eben der als göttlich vorgestellten, als Einheit erkannt werden können. Gott vereint in sich die Gegensätze zu etwas Höherem, uns Unfassbarem. Umgekehrt entfalten sich die Gegensätze erst, wenn man von der vollkommenen Existenz Gottes in die weltliche hinabsteigt. Bildlich gesprochen sind Liebe und Hass gewissermaßen getrennte irdische Aspekte einer einheitlichen höherdimensionalen Wirklichkeit. Nikolaus von Kues zieht zur Verdeutlichung geometrische Analogien heran: Wir Menschen sehen einen Unterschied zwischen einer Geraden und einem Kreis. Vergrößern wir aber beide bis ins Unendliche, so bleibt nur eine Seite des unendlich großen Kreises sichtbar und diese ist nicht mehr von einer Geraden zu unterscheiden. Der Unterschied ist verschwunden. Gott ist unendlich und vereint die Unterschiede, die Menschen zu sehen vermeinen, in sich.

Wir können das nicht wirklich verstehen, jedenfalls nicht in diesem Leben, in dem wir endlich sind. Esau wird es im Jenseits erfahren haben. Wir wissen nichts über das Jenseits, in das Esau eingegangen ist, außer dass es etwas Größeres ist, etwas, in das unsere irdische Existenz eingebettet ist. Man kann wohl davon ausgehen, dass Esau positiv überrascht war von der Art des Jenseits. Woher ich das wissen will? Ich weiß es nicht, ich glaube es. Über das, was wir das Jenseits nennen, können wir nichts wissen. Wir können nur glauben. Dabei können Prophezeiungen helfen. Indes steht (meines Wissens) nirgends in der Bibel etwas über Esau im Jenseits.

Es gibt aber noch einen Weg, an ein besseres Jenseits zu glauben, der nicht über Prophezeiungen führt. Er basiert auf der Antizipation. Das ist unsere Art, Zukünftiges zu erwarten. Sie ist von Geburt aus positiv voreingestellt. (Voraussetzung ist lediglich, dass die Verbindung zwischen Amygdala und Gyrus cinguli intakt ist, was normalerweise der Fall ist.) Ich folge also nur meiner Natur, und etwas anderes zu tun, kann ich kein apodiktisches Argument finden, wenn ich annehme, dass uns das Jenseits positiv überraschen wird. Und dass davon auch Esau nicht ausgenommen ist. Wenn wir auch nichts Genaues wissen, so doch dies: Wir müssen ihn nicht mehr bedauern.

Wie entstand der Mythos?

Die Israeliten haben in der Episode von Esau und Jakob sowie in den benachbarten Geschichten den Mythos ihrer teils sagenhaften Stammesvorfahren erzählt. Bemerkenswerterweise ist es nicht eine Geschichte von Helden, sondern von Menschen mit erheblichen Schwächen. Diese Schwächen sagen wiederum etwas über die Autoren der Mythen aus. Sie zeigen, wie wichtig der Segen Gottes den Israeliten war, dass sie ihn sogar über moralische Grundsätze stellten, dass sie mit ihm (fast) alles rechtfertigen zu können glaubten. Sie betrachteten sich als das auserwählte Volk. Ihre Nachbarvölker wurden in die Mythen integriert, als zwar verwandt, aber ihnen untergeordnet. Die werden das anders gesehen haben.

Es ist gefährlich, einen Überlegenheitsanspruch des eigenen Volkes gegenüber anderen Völkern auf diese Weise zu zementieren. An anderen Völkern wären hier neben den Edomitern und Amalekitern auch die Araber zu nennen, die sich als Nachfahren Ismaels sehen, dem in der Bibel ebenfalls das Erstgeburtsrecht genommen worden war und der dann zusammen mit seiner Mutter verstoßen wurde. Allerdings wird die Geschichte Ismaels im Koran anders wiedergegeben als in der Bibel: Ismael wird im Koran nicht verstoßen, sondern im Auftrag Gottes von Abraham in Mekka in Gottes Obhut zurückgelassen und er wird nicht als minderwertiger Sohn angesehen. Der Konflikt zwischen Israeliten und Arabern besteht bis heute.

Vor dem Hintergrund der Frage, was der Mythos über seine Urheber aussagt, wird auch die Wortwahl „Hass" verständlicher. Die Israeliten lebten über lange Zeit hinweg im Zwist mit den Edomitern und Amalekitern. Wäre es möglich, dass ihr Gefühl gegenüber jenen Völkern von Hass geprägt gewesen wäre und dieser Hass Eingang in den Mythos gefunden hätte? Das wäre eine Erklärung für das Auftreten dieses starken Wortes.

Ein hasserfüllter Umgang mit den Edomitern und Amalekitern wird schon im Alten Testament geschildert und Gott steht angeblich dahinter, schon seit Esaus Zeit. Der Mythos von Esau wird uns im 1. Buch Mose erzählt. Selbst angenommen, die Bücher Mose, in denen sie erzählt wird, wären wirklich so, wie sie jetzt vorliegen, von Moses geschrieben worden, so wäre trotzdem ein Einfluss des Tagesgeschehens denkbar. Moses selbst hat an den Auseinandersetzungen mit den Edomitern und Amalekitern teilgenommen. Auf seinem Exodus war ihm der Durchzug durch das Land der Edomiter verweigert worden (4. Mose 20, 18-21):

„Edom aber sprach zu ihnen: Du sollst nicht durch mich ziehen, oder ich will dir mit dem Schwert entgegenziehen. Die Kinder Israel sprachen zu ihm: Wir wollen auf der gebahnten Straße ziehen, und so wir von deinem Wasser trinken, wir und unser Vieh, so wollen wir's bezahlen; wir wollen nichts denn nur zu Fuße hindurchziehen. Er aber sprach: Du sollst nicht herdurchziehen. Und die Edomiter zogen aus, ihnen entgegen, mit mächtigem Volk und starker Hand. Also weigerten sich die Edomiter, Israel zu vergönnen, durch ihr Gebiet zu ziehen.“

Außerdem führte Moses Krieg mit den Amalekitern (2. Mose 17, 8-16):

„Da kam Amalek und stritt wider Israel in Raphidim. Und Mose sprach zu Josua: Erwähle uns Männer, zieh aus und streite wider Amalek; morgen will ich auf des Hügels Spitze stehen und den Stab Gottes in meiner Hand haben. Und Josua tat, wie Mose ihm sagte, dass er wider Amalek stritte. Mose aber und Aaron und Hur gingen auf die Spitze des Hügels. Und wenn Mose seine Hand emporhielt, siegte Israel; wenn er aber seine Hand niederließ, siegte Amalek. Aber die Hände Mose's wurden schwer; darum nahmen sie einen Stein und legten ihn unter ihn, dass er sich daraufsetzte. Aaron aber und Hur stützten ihm seine Hände, auf jeglicher Seite einer. Also blieben seine Hände fest, bis die Sonne unterging. Und Josua dämpfte den Amalek und sein Volk durch des Schwertes Schärfe.

Und der HERR sprach zu Mose: Schreibe das zum Gedächtnis in ein Buch und befiehls in die Ohren Josuas; denn ich will den Amalek unter dem Himmel austilgen, dass man sein nicht mehr gedenke. Und Mose baute einen Altar und hieß ihn: Der HERR ist mein Panier. Denn er sprach: Es ist ein Malzeichen bei dem Stuhl des HERRN, dass der HERR streiten wird wider Amalek von Kind zu Kindeskind.“

Hier wird schon die generationenübergreifende Feindschaft zwischen Israeliten und Amalekitern programmiert. Es fällt schwer zu glauben, dass Moses' Niederschrift der Geschichte Esaus von diesen Ereignissen nicht beeinflusst worden sein soll. Wenn in den darauffolgenden Jahrhunderten Änderungen vorgenommen worden sein sollten, könnten noch weiterreichende Erfahrungen eingeflossen sein. Die Geschichte der Stammesväter diente wohl dazu, die eigene Position in jenem Stammeszwist zu rechtfertigen.

Es ist fast wie in einem Science-Fiction-Roman: Man reist zurück in der Zeit, um den Urvater seiner Feinde zu vernichten. Die Israeliten konnten das zwar nicht physisch tun, aber immerhin in Form eines Rufmordes. In der Essenz sollte Esau als Stammvater abgewertet werden, obwohl das meiner Meinung nach nicht gelungen ist. Wir alle kennen das, was wir als Meinungsmache bezeichnen und was gern in den Medien praktiziert wird. Damals war das Medium die Bibel. Da wurden Anekdoten, von denen letztlich egal ist, ob und wieweit sie stimmen, derart ins Absurde aufgebläht, dass schließlich sogar ein Genozid damit gerechtfertigt werden konnte. Nicht erst bei den Kreuzzügen oder in der Inquisition wurde Unrecht im Namen Gottes begangen. Vorsicht: Man darf das nicht Gott anlasten.

Wenn aber wirklich die Geschichte verbogen wurde, um die Vernichtung von Esaus Nachfahren zu rechtfertigen, dann wird auch Gottes Hass wieder zweifelhaft. War das nur Propaganda, eine Begründung, um rücksichtslos gegen gewisse Nachbarvölker vorzugehen?

Bei allem, was ich hier über den Mythos spekuliert habe, muss natürlich dazugesagt werden, dass es nur harmlose Gedankenspielereien sein sollten, ohne Anspruch auf Gültigkeit, dass nichts davon bewiesen ist, dass es sich um reine Hypothesen handelt. Sie müssen nicht wahr sein, würden aber gut passen.

Exkurs: SPD und CDU/CSU

Im Zusammenhang mit der Geburt der Zwillinge war erwähnt worden, dass einige Züge ihrer Geschichte zu Pilgrims Charakterisierung von Vatersöhnen und Muttersöhnen passte. Diesen Faden würde ich jetzt gern weiterspinnen, die Parallelen weiterverfolgen. Damit würde ich, wenn ich es ernst meinte, allerdings den Bogen überspannen. So ist das, was in diesem Kapitel steht, als eine Art Scherzo zu verstehen. Auf keinen Fall ernst zu nehmen.

Pilgrim ging seinerzeit so weit, eine statistisch relevante Häufung von Vatersöhnen bei den Patriarchen der SPD zu festzustellen, auffällig viele Muttersöhne glaubte er andererseits bei den Patriarchen der CDU/CSU zu erkennen. Er identifiziert Sozialdemokraten wie Lasalle, Liebknecht, Bebel, Bernstein und Kautsky als Vatersöhne und ordnet die Unionsspitzen Adenauer, Barschel, Kohl, Strauß und Weizsäcker als Muttersöhne ein. Also wäre die SPD eine Partei der Vatersöhne, die Unionsparteien CDU und CSU Sammelbecken für Muttersöhne? Diese These ist natürlich zu grob, um aussagekräftig zu sein, aber sie sei des Spaßes halber für den Augenblick angenommen. Außerdem, das ist klar, handelt es sich um eine längerfristige Perspektive, die sich aus der Geschichte ableitet, die aber in ihrer historischen Form keine aktuelle Gültigkeit beanspruchen kann. In der Tat werden wir nicht mehr nur von Söhnen, welcher Art auch immer, regiert, wir haben eine Kanzlerin.

Aber spielen wir die Parallelen zwischen der Esau-Episode und der Parteiengeschichte durch. Jakob wollte der Auserwählte sein. Hielten sich die Unionsparteien für auserwählt wie Jakob? Dafür würde sprechen, dass sie für sich in Anspruch nehmen, die Vertreter des Christentums in der Politik zu sein. Dementsprechend tragen sie das „C" im Namen. Man kann die Parallelität noch weiter treiben. Die SPD ist die ältere der beiden Parteien, die „Erstgeborene" aller deutschen parlamentarischen Parteien. Hatte sie dadurch ein „Erstgeburtsrecht" errungen, das die Union ihr streitig zu machen versucht haben könnte? Jakob versuchte zweimal, Esau um Vorteile der Erstgeburt zu bringen, einmal beim Linsengericht, einmal beim Segen. Zwei der drei Kanzler der SPD wurden durch ein konstruktives Misstrauensvotum der Union angegriffen (einmal ohne, einmal mit Erfolg), kein Kanzler der Union durch die SPD. Ist die Regierungsmacht der „Segen", den die Union an sich zu bringen strebte?

Genug gescherzt. Entschuldigung dafür.

Der Esau-Effekt

Verallgemeinern wir das im letzten Kapitel Angesprochene jetzt auf ernste Weise. Ausgangspunkt ist das fast zwanghafte Bestreben des Muttersohnes Jakob, der Auserwählte der beiden Brüder zu sein, der Vorfahr des Messias. Er fand mit Gott beinahe zu einer Art Vater-Sohn-Beziehung. Gott als Ersatzvater? Nicht nur die Mutter füllte das Vakuum, das der zu wenig geliebte Vater hinterlassen hatte, auch Gott. Nun ist Gott allerdings kein Mensch aus Fleisch und Blut, sondern eine übernatürliche Erscheinung. Er könnte in diesem Zusammenhang das religiöse Sendungsbewusstsein des Muttersohnes symbolisieren. Viele berühmte Muttersöhne hielten sich in gleicher Weise für auserwählt in irgendeiner Art, unterstützt statt vom Vater von irgendwelchen höheren Gewalten (und sei es „Fortune" wie bei Napoleon). Viele pflegten ein Sendungsbewusstsein, leiteten daraus wiederum das Recht ab, sich den dazugehörigen „Segen" widerrechtlich anzueignen. Sie griffen dazu gern die Prioritätsinhaber mittels Intrigen an. Leichte Opfer in der Hinsicht schienen Vatersöhne zu sein.

Was man als Esau Effekt bezeichnen könnte, dass Vatersöhne in Gefahr sind, von Muttersöhnen um ihren „Segen", allgemeiner um ihren Prioritätsanspruch oder eine andere gesellschaftliche, wissenschaftliche oder religiöse Auszeichnung, gebracht zu werden, tritt wahrscheinlich öfter auf, als wahrgenommen wird. Der Grund ist einfach: Bei Gelingen des Betruges nimmt der Betrüger seinen Platz in der Weltgeschichte ein, ohne dass noch ein Hahn danach krähte, wie er dahin kam. Die

Muttersöhne gehen einfach zu geschickt vor. Ich hatte schon die Spekulation in den Raum gestellt, dass die Nachfahren des Muttersohnes Jakob den Mythos vom Hass Gottes auf den Vatersohn Esau propagiert haben könnten. Wenn der Muttersohn erst einmal an der Macht ist, kann er die öffentliche Meinung manipulieren, den Hass auf den Vatersohn lenken.

In Fällen allerdings, wo der Versuch misslingt, kann der Streit hohe Wellen schlagen. So ein Fall war der Streit um die Prioritätsrechte an der Infinitesimalrechnung zwischen Leibniz und Newton. Beide hatten, so der heutige Stand der Forschung, die Infinitesimalrechnung unabhängig voneinander entwickelt. Newton hatte sie ohne Leibniz' Wissen etwas früher entwickelt, aber Leibniz hatte sie als erster publiziert. Die beiden waren also, wenn man so will, Zwillinge, was die Priorität betrifft. Der Muttersohn Newton (wurde von der Großmutter aufgezogen) beschuldigte jedoch den Vatersohn Leibniz (wurde vom Vater unterrichtet) des Plagiats und erreichte dessen Verurteilung durch eine Kommission der Royal Society of London. Der Streit vergiftete auf Jahrzehnte die Atmosphäre zwischen deutschen und englischen Mathematikern. Der „Segen", um den es hier ging, war die Priorität der Entdeckung, eine wissenschaftliche Auszeichnung. Das war übrigens nicht der einzige Fall, in dem der Muttersohn Newton einem Vatersohn seine Priorität streitig machte. Er war auch in eine Plagiatsauseinandersetzung mit Robert Hooke (wurde größtenteils von seinem Vater erzogen) verwickelt, in deren Verlauf er einräumen musste von jenem auf die richtige Spur bei der Entdeckung des Gravitationsgesetzes gebracht worden zu sein. Das alles ändert natürlich nichts daran, dass Newton ein Genie war.

Glücklicherweise drohte unter Wissenschaftlern selten Gefahr für Leib und Leben (außer in der Inquisition). Unter Politikern war das anders. Es blieb nicht bei einer Aushebelung des Vatersohnes Marcus Antonius (erzogen hauptsächlich vom Stiefvater) durch den Muttersohn Octavian (erzogen von Mutter und Großmutter), sondern die Sache endete erst mit der völligen Vernichtung des Vatersohnes. Antonius war der ältere der beiden und er wurde eigentlich als Nachfolger Caesars gehandelt. Er konnte eine gewisse Priorität beanspruchen. Octavian verbündete sich zunächst mit ihm. Erst später brach dann der Zwist aus, der offene Kampf um die Macht in Rom, ein Bürgerkrieg, in dessen Verlauf Octavian Antonius mit großem politischen und militärischen Geschick ausmanövrierte und vernichtend schlug. Antonius blieb nur der Selbstmord. Octavian fiel als Preis die Herrschaft über das Römische Reich zu. Damit nicht genug: Er erreichte nach dessen Tod die „Damnatio Memoriae" Mark Antons, die Verdammung des Andenkens des Vatersohnes, deklarierte ihn damit zum Objekt des Hasses, sein Geburtstag wurde zum Unglückstag erklärt. Octavian kostete seinen Sieg weiter aus, errichtete eine Autokratie und ließ sich den Ehrentitel „Augustus", der Erhabene, verleihen, eine nicht gerade geringe gesellschaftliche Auszeichnung, die höchste seiner Zeit.

Es muss nicht zum Esau-Effekt kommen, wenn sich der Vatersohn dem Muttersohn von Anfang an unterwirft. So kann er der Vernichtung entgehen. Der Intellektuelle und Vatersohn Zhou Enlai (wurde von Großvater und Onkel erzogen) ordnete sich stets loyal dem Machtmenschen Mao Zedong unter (von Pilgrim als Muttersohn eingestuft) und durfte sämtliche Säuberungen überleben. Die gesellschaftliche Auszeichnung, die führende Rolle in der Volksrepublik China zu spielen, erhielt allerdings Mao allein.

Was man sonst (ohne sich unterzuordnen) gegen den Esau-Effekt tun kann, ist klar: Man muss den „Segen" entzaubern. Das, was der Muttersohn als seine „Sendung" erstrebt, darf nicht mehr so erstrebenswert sein, dass er sein ganzes Leben darauf ausrichtet. Leichter gesagt als getan. Unsere menschliche Gesellschaft schafft sich immer neue Werte und Ideale, die entsprechend hochgejubelt werden. Das Streben nach etwas Gutem ist ja auch nicht per se schlecht. Man darf nur nicht die Moral opfern, um etwas vermeintlich Wichtigeres zu erreichen.

So selbstverständlich und oft geäußert diese Forderung auch ist, sie wird immer wieder unterlaufen. Immer wieder wird behauptet, dass, wenn einem etwas wirklich wichtig sei, man alles, aber wirklich alles, tun müsse, um es zu erreichen. Man muss nur einmal in die Castingshows hineinhören. Viele Teilnehmer/innen tönen dort gern, um jeden (!) Preis siegen zu wollen. Das ist unsere Jugend, unsere Zukunft. Die, die auf diese Weise tatsächlich ihr Ziel erreichen, sind in Gefahr, nicht mehr die zu sein, die sie einmal waren, sondern verbogene Wesen, die sie eigentlich nie sein wollten. Ich schließe mich dem Chor derer an, die eine stärkere Orientierung an echten Werten fordern.

Schlusswort

Für die Betrachtungen in diesem Büchlein ist es nicht wichtig, ob die biblische Gestalt des Esau wirklich existiert hat. Historische Beweise für seine Existenz scheint es nicht zu geben. Die Zeichnungen der Personen in der Bibel sind andererseits so lebensnah, dass eigentlich naheliegt, dass es sie gegeben haben muss. Nur beweisen lässt es sich eben nicht. Die Edomiter und ihr Königreich hat es indes gegeben. Da gibt es außerbiblische, archäologische Hinweise.

Esau und seine Geschichte haben sich auf jeden Fall tief ins Kulturgut der Welt eingegraben. Er ist ein Symbol gewordenen für die zu Unrecht Betrogenen, für unschuldige Opfer von Intrigen. Interessant ist auch, wie die christliche Kirche mit der Geschichte umging. Ihrer Problematik haben wir die Lehre von der Erbsünde zu „verdanken". Dazu an anderer Stelle mehr.[3]

Im Zuge jener Geschichte um die Stammesväter der Israeliten ist eine tragische Gestalt entstanden: Esau. Er ist wesentlich sympathischer als sein Gegenspieler Jakob. Dennoch ist seine Rolle hier nur, die Minderwertigkeit der Edomiter zu begründen. Dabei ist er der eigentliche Held, der sich trotz aller Widrigkeiten richtig verhielt und Opfer für die gute Sache brachte. Sollte er tatsächlich kurzzeitig Mordgedanken gehegt haben, so

---

[3] Christoph-Maria Liegener: Erbsünde und Erbschuld – vom Ursprung unseres existenziellen Schuldbewusstseins. Tredition-Verlag, Hamburg (2015).

behielt er sie unter Kontrolle und führte sie nicht aus. Im Gegenteil, er verzieh seinem Bruder aufrichtig und ermöglichte damit den Frieden. Bei ihm hatte die Liebe über den Ärger gesiegt – bewundernswert.

Vielleicht mag der eine oder andere bei eigenen Schicksalsschlägen Trost finden, wenn er an Esau denkt, der ohne jedes eigene Zutun von Gott gehasst wurde und dennoch ein erfülltes, erfolgreiches Leben führte. So kann man der positiven Natur der Antizipation freien Lauf lassen.

FSC
www.fsc.org
MIX
Papier | Fördert
gute Waldnutzung
FSC® C083411

Zeitfracht Medien GmbH
Ferdinand-Jühlke-Straße 7
99095 Erfurt, Deutschland
produktsicherheit@kolibri360.de